"一带一路"列国人物传系

澳大利亚10人传
骑在羊背上的国家

佟景洋 杨 震◎编著

五洲传播出版社·北京
China Intercontinental Press

图书在版编目（ＣＩＰ）数据

澳大利亚10人传：骑在羊背上的国家 / 佟景洋, 杨
震编著. —— 北京：五洲传播出版社, 2024.1
ISBN 978-7-5085-5116-6

Ⅰ.①澳… Ⅱ.①佟… ②杨… Ⅲ.①人物—列传—
澳大利亚 Ⅳ.①K836.11

中国国家版本馆CIP数据核字(2023)第179559号

澳大利亚10人传：骑在羊背上的国家

编　　著：佟景洋　杨　震

出 版 人：关　宏

责任编辑：梁　媛　侯琴雅

装帧设计：山谷有鱼

出版发行：五洲传播出版社

地　　址：北京市海淀区北三环中路31号生产力大楼B座6层

邮　　编：100088

发行电话：010-82005927，010-82007837

网　　址：http://www.cicc.org.cn，http://www.thatsbooks.com

印　　刷：北京市房山腾龙印刷厂

版　　次：2024年1月第1版第1次印刷

开　　本：32开

印　　张：8.5

字　　数：180千

定　　价：49.80元

总　序
群星闪耀"一带一路"

　　"2100 多年前，中国汉代的张骞肩负和平友好使命，两次出使中亚，开启了中国同中亚各国友好交往的大门，开辟出一条横贯东西、连接欧亚的丝绸之路。"[1]2013 年 9 月 7 日，中国国家主席习近平在哈萨克斯坦纳扎尔巴耶夫大学发表演讲，以博古通今的睿智对大学生们娓娓道来丝绸之路古老而年轻的故事。

　　"我的家乡陕西，就位于古丝绸之路的起点。站在这里，回首历史，我仿佛听到了山间回荡的声声驼铃，看到了大漠飘飞的袅袅孤烟。这一切，让我感到十分亲切。哈萨克

---

[1]《习近平谈治国理政》，外文出版社，2014年10月第1版，第287页。

斯坦这片土地，是古丝绸之路经过的地方，曾经为沟通东西方文明，促进不同民族、不同文化相互交流和合作作出过重要贡献。东西方使节、商队、游客、学者、工匠川流不息，沿途各国互通有无、互学互鉴，共同推动了人类文明进步。""不同种族、不同信仰、不同文化背景的国家完全可以共享和平、共同发展。这是古丝绸之路留给我们的宝贵启示。""为了使我们欧亚各国经济联系更加紧密、相互合作更加深入、发展空间更加广阔，我们可以用创新的合作模式，共同建设'丝绸之路经济带'。"[1] 推己及人，高瞻远瞩，引领时代，习主席在阿斯塔纳[2]通过哈萨克斯坦人民，首次向世界发出了让古老的丝路精神再次焕发青春和光彩的时代宣言。

2013年10月3日，习主席在印度尼西亚国会发表了题为《共同建设二十一世纪"海上丝绸之路"》的演讲："东南亚地区自古以来就是'海上丝绸之路'的重要枢纽，中

---

[1]《习近平谈治国理政》，外文出版社，2014年10月第1版，第287页。

[2] 哈萨克斯坦新首都名称。

国愿同东盟国家加强海上合作，使用好中国政府设立的中国—东盟海上合作基金，发展好海洋合作伙伴关系，共同建设21世纪'海上丝绸之路'"，"发挥各自优势，实现多元共生、包容共进，共同造福于本地区人民和世界各国人民"。[1] 这个倡议和9月7日的演讲异曲同工、遥相呼应、互为映衬，完整地提出了"丝绸之路经济带"和"21世纪海上丝绸之路"的宏伟构想。

从广袤的亚欧腹地哈萨克斯坦到风光旖旎的印度尼西亚，习主席提出的"丝绸之路经济带"和"21世纪海上丝绸之路"吸引了世界各国的目光。从2013年9月至2016年8月，习近平出访37个国家（亚洲18国、欧洲9国、非洲3国、拉美4国、大洋洲3国），对"一带一路"倡议的总体框架和基本内涵做了充分阐述。和平合作、开放包容、互鉴互学、互利共赢的丝路精神，共商、共建、共享的合作理念，驱散了"去全球化"的阴霾，为增长低迷的世界

---

[1]《习近平谈治国理政》，外文出版社，2014年10月第1版，第293-295页。

经济注入新的动能。各国纷纷将本国经济发展与中国政府制定的《推动共建丝绸之路经济带和21世纪海上丝绸之路的愿景与行动》规划相衔接。“一带一路”倡导的政策沟通、设施联通、贸易畅通、资金融通、民心相通等“五通”，正在以基础设施、经贸合作、产业投资、能源资源、金融支撑、人文交流、生态环保、海洋合作等为载体和依托，在全球掀起了投资兴业、互联互通、技术创新、产能合作的新势头。2016年中国牵头成立有57个成员国加入的亚洲基础设施投资银行（AIIB），2017年3月23日迎来13个新伙伴。孟加拉配电系统升级扩容项目、印尼全国棚户区改造项目、巴基斯坦国家高速公路项目和塔吉克斯坦杜尚别至乌兹别克斯坦道路改造项目已经获得亚投行金融支持，共商共建成为现实。

“一带一路”倡议得到国际社会的热烈响应。2016年11月17日，第71届联合国大会193个成员一致赞同，通过了第A/71/9号决议，欢迎“一带一路”倡议，敦促各国通过参与“一带一路”，呼吁国际社会为开展“一带一路”建设提供安全保障环境。2017年3月17日，联合国安理会全票赞成，一致通过第 2344 号决议，呼吁国际社会凝聚援助阿富汗共识，通过"一带一路"建设等加强区域经济合作，敦促各方为"一带一路"建设提供安全保障环境。

2017 年 1 月，习近平主席在联合国日内瓦总部发表题为《共同构建人类命运共同体》的重要演讲，全面深入系统阐述人类命运共同体重大理念，在国际上引起热烈反响，受到各方普遍欢迎和高度评价。3 月 23 日，联合国人权理事会第 34 次会议通过关于"经济、社会、文化权利"和"粮食权"两个决议，决议明确表示要通过"一带一路"建设"构建人类命运共同体"。这是人类命运共同体重大理念首次载入人权理事会决议，标志着这一理念成为国际人权话语体系的重要组成部分。2017 年 5 月，北京喜迎来自"一带一路"相关国家的元首、政府首脑、前政要，以及国际组织负责人，还有专家学者和知名企业家等各界代表上千人，出席"'一带一路'国际合作高峰论坛"，共商沿线各国之合作共赢大计。

"一带一路"不是中国的独角戏，是与亚、欧、非洲及世界各国共同奏响的交响乐。中国恪守联合国宪章的宗旨和原则，坚持开放合作、和谐包容、政策沟通，培育政治互信，建立合作共识，协调发展战略、促进贸易便利化及多边合作体制机制。中国携手100多个国家和地区，依托国际大通道，以陆上沿线中心城市为支撑，以重点经贸产业园区为合作平台，共同打造新亚欧大陆桥、中蒙俄、中国—中亚—西亚、中巴、孟中印缅、中国 - 中南半岛等国际经济合作走廊进展顺利，中欧班列在贸易畅通上动力强劲，风景亮丽；以海上重点港口为节点，共同建设通畅安全高效的运输通道，实现陆海路径的紧密关联和合作，太平洋、印度洋、大西洋上巨轮往来频繁，不亦乐乎。亚太经合组织、亚欧会议、大湄公河次区域合作等有关决议或文件，都体现了"一带一路"建设内容。丝路基金、开发性金融、供应链金融汇聚全球财富，建设绿色、健康、智慧与和平的丝绸之路，增进各国民众福祉。

"一带一路"是人类历史上从未有过的恢弘蓝图，也是横跨亚非欧连接世界各国的暖心红线。"丝绸之路经济带"包括中国经中亚、俄罗斯至欧洲（波罗的海），中国经中亚、西亚至波斯湾、地中海，中国至东南亚、南亚、印度洋；

"21世纪海上丝绸之路"包括从中国沿海港口过南海到印度洋再延伸至欧洲和到南太平洋。一路驼铃声声、舟楫相望，互通有无、友好交往。

在新的时代，在创新古老丝路精神的伟大进程中，习主席专门缅怀丝路开拓者，特意致敬古丝路精神奠基人："我们的祖先在大漠戈壁上'驰命走驿，不绝于时月'，在汪洋大海中'云帆高张，昼夜星驰'，走在了古代世界各民族友好交往的前列。甘英、郑和、伊本·白图泰是我们熟悉的中阿交流友好使者。丝绸之路把中国的造纸术、火药、印刷术、指南针经阿拉伯地区传播到欧洲，又把阿拉伯的天文、历法、医药介绍到中国，在文明交流互鉴史上写下了重要篇章。千百年来，丝绸之路承载的和平合作、开放包容、互学互鉴、互利共赢精神薪火相传。"[1]这种吃水不忘挖井人的情怀，再次展现了中华民族不忘历史、纪念先贤、展望未来的优秀文化基因，也为中国传记文学学会参加"一带一路"

---

[1]习近平：《弘扬丝路精神，深化中阿合作》，2014年6月5日，习近平在中—阿合作论坛第六届部长级会议开幕式上的讲话，《人民日报》6月6日第1版。

建设指明了方向和道路。

在古老的丝绸之路上，我们不曾相忘：张骞出使西域到过的哈萨克斯坦，山高水长的好邻居巴基斯坦，双头鹰下横跨欧亚之国俄罗斯，草原之国蒙古，喜马拉雅浮世天堂尼泊尔，菩提恒河保佑之国印度，文化瑰宝伊朗，首创法典之国伊拉克，红海门户之国也门，石油王国沙特阿拉伯，波斯湾明珠巴林，雪松之国黎巴嫩，海湾之秀科威特，沙漠之巅阿联酋，半岛明珠之国卡塔尔，波斯湾霍尔木兹海峡守门人阿曼，万湖之国白俄罗斯，欧亚十字路口土耳其，流着奶和蜜之地以色列，欧洲粮仓乌克兰，亚平宁半岛上的文化巅峰意大利，阿尔卑斯之巅的瑞士，玫瑰之国保加利亚，与灵魂对话的思辨之国德意志，欧洲文化殿堂法兰西，欧洲客厅比利时，郁金香之国荷兰，热情如火的西班牙，还有绅士国度英国，北非金字塔之国埃及，非洲屋脊奉马蹄莲为国花的埃塞俄比亚，香草大岛之国马达加斯加，等等。

沿着海上丝绸之路，我们会领略丛林花园之国马来西亚，花园国度新加坡，千岛之国菲律宾，赤道翡翠之国印度尼西亚；沿澜沧江一路南下，我们不曾相忘澜湄泽润之国越南，千佛之国泰国，高棉的微笑之国柬埔寨，万象之都老挝，印度洋上明珠之国斯里兰卡，印度洋上的明星和钥匙毛里求斯，堆金积玉之国文莱，追求自由之国东帝汶，印度洋世外桃源马尔代夫，骑在羊背上的国家澳大利亚，上帝的后花园新西兰，等等。

"一带一路"沿线国家里，那些千百年来影响了人类与国家、民族命运并与中国曾经有过交往的古今人物，至今还能在教科书、影视剧里看到他们，还能感受到他们在一代一代年轻人身上所生发的影响和魅力。

当然，对于中国人来说，更为熟悉的是丝绸之路的开拓者。曾记否？丝绸之路开拓者中，有汉武帝和他的使节们，有首开大唐盛世的唐太宗及其无数臣民，有再续睦邻通商航海路的宋祖朝廷和无数先贤，还有金戈铁马风漫卷的元代人物，一统江山万里帆的明代人物，环球凉热自清浊的清代人物，东西碰撞溅火花的近代人物，还有经受风雨变迁、勇立海国之志的现代人物，更有丝路明珠敦煌莫高窟的守护者，卫国助邻的将军和通司中外的外交家们。当然，数风流人物，还看今朝，我们不能不浓墨重彩地讴歌那些智通商海，投身到新丝路建设中的当代人物。

耕云播雨，香火延续，智慧传承，历史再续！2100多年的友好交往历史从未隔断，惠及三大洲的中西交通从未停歇，21世纪的"中国梦"和"世界梦"汇成了人类命运共同体的时代和弦，响彻在"一带一路"辽阔的长空。也正因如此，在2023年的金秋时节，习近平主席同来自五洲四海的新老朋友相聚北京，共同出席第三届"一带一路"国际合作高峰论坛。世界的目光再次聚焦北京、聚焦中国。10年来，在各方的共同努力下，共建"一带一路"从中国倡议走向国际实践，从理念转化为行动，从愿景转变为现实，从谋篇布局的"大写意"到精耕细作的"工笔画"，取得实打实、沉甸甸的成就，成为深受欢迎的国际公共产品和国际合作平台。"一带一路"合作从亚欧大陆延伸到非洲和拉美，150多个国家、30多个国际组织签署共建"一带一路"合作文件，举办3届"一带一路"国际合作高峰论坛，成立了20多个专业领域多边合作平台。[1]这是中华民族和世

---

［1］习近平在第三届"一带一路"国际合作高峰论坛开幕式上的主旨演讲（全文），2023年10月18日，https://baijiahao.baidu.com/s?id=178006481 5242319182&wfr=spider&for=pc。

界历史上都应该铭记的大日子。

"一带一路"沿线国家拥有各自悠久的历史和丰富的文化传统，从古到今，涌现出了许多令人钦佩的人物，他们的成就在促进不同文化之间的民心相通方面发挥了重要作用，他们的贡献有助于加深各国人民之间的理解和合作。以人物传记写作为己任的中国传记文学学会，在"一带一路"倡议实施中，肩负"讲好'一带一路'民心相通好故事"的使命和责任，这也是国家赋予我们的根本职责和任务。在中国文学艺术界联合会的领导下，在中国社会科学院国家全球战略智库指导下，中国传记文学学会以赤诚的家国情怀、强烈的时代精神、为人物传记的责任担当，在认真调研、周密谋划、精心组织基础上，毅然决定倾注全力组织编写、筹资出版"'一带一路'列国人物传系"。此煌煌百卷传系讲述近千名各国卓越人物故事，集数百位专家作家尽心挥毫，冬去春来，夜以继日……幸得各界人士倾力赞助，又得中国出版集团公司华文出版社、当代世界出版社、五洲传播出版社出版发行。于是，各位读者得以读到手中的这套活泼而不失厚重、有趣而不失学养的列国人物合传书卷。

孔子曰："仁者，人也。"让各国的先贤智者的思想光辉，照亮我们探索人类未来的道路。

传记明志，落笔为文，是为总序。

中国传记文学学会会长

"'一带一路'列国人物传系"编委会主任

王丽　博士

2023 年 10 月 18 日

Introduction: The Star-studded "Belt and Road"

On September 7, 2013, Chinese President Xi Jinping delivered a speech at Kazakhstan's Nazarbayev University, telling college students the ancient yet up to date stories of the Silk Road with well-versed wisdom.

"More than 2,100 years ago during the Han Dynasty (206 BC-220AD), a Chinese envoy named Zhang Qian was sent to Central Asia twice on missions of peace and friendship. His journeys opened the door to friendly contacts between China and Central Asian countries, and started the Silk Road linking east and west, Asia and Europe.

Shaanxi, my home province, is right at the starting point of the ancient Silk Road. Today, as I stand here and look back at that history, I seem to hear the camel bells echoing in the mountains and see the wisp of smoke rising from the desert, and this gives me a specially good feeling.

Kazakhstan, located on the ancient Silk Road, has made an important contribution to the exchanges between the Eastern and Western civilizations and the interactions and cooperation between various nations and cultures. This land has borne witness to a steady stream of envoys, caravans, travelers, scholars and artisans traveling between the East and the West. The exchanges and mutual learning thus made possible promoted the progress of human civilization." [1]

"Countries of different races, beliefs and cultural backgrounds are fully able to share peace and development. This is the valuable inspiration we have drawn from the ancient Silk Road," [2] and "to forge closer economic ties, deepen cooperation and expand

[1] *Xi Jinping: The Governance of China*. 1st ed., Foreign Languages Press, Beijing, October 2014, p.311

[2] *Xi Jinping: The Governance of China*. 1st ed., Foreign Languages Press, Beijing, October 2014, p.312

development space in the Eurasian region, we should take an innovative approach and jointly build an economic belt along the Silk Road." [1]

With caring, vision and leadership, through the people of Kazakhstan in Astana, President Xi Jinping, for the first time, has made a declaration to the world that would rejuvenate the spirit of the ancient Silk Road.

On October 3, 2013, President Xi Jinping gave a speech titled "Work Together to Build a 21st-century Maritime Silk Road" at the People's Representative Council of Indonesia.

"Southeast Asia has since ancient times been an important hub along the ancient Maritime Silk Road. China will strengthen maritime cooperation with the ASEAN countries, and the China-ASEAN Maritime Cooperation Fund set up by the Chinese government should be used to develop maritime partnership in a joint effort to build

---

[1] *Xi Jinping: The Governance of China*. 1st ed., Foreign Languages Press, Beijing, October 2014, p.313

the 'Maritime Silk Road' of the 21st century." [1] And "[t]he two sides need to give full rein to our respective strengths to enhance diversity, harmony, inclusiveness and common progress in our region for the benefit of both our people and the people outside the region." [2]

This initiative and the speech on September 7 both express the same idea and echo with each other, completing a grand vision of the "Silk Road Economic Belt" and the "21st Century Maritime Silk Road."

From Kazakhstan in the vast Eurasian hinterland to the beautiful scenery of Indonesia, Xi Jinping's proposed "Silk Road Economic Belt" and "21st Century Maritime Silk Road" have attracted the attention of countries all over the world. From September 2013 to August 2016, Xi visited 37 countries (18 in Asia, 9 in Europe, 3 in Africa, 4 in Latin America and 3 in

---

[1] *Xi Jinping: The Governance of China*. 1st ed., Foreign Languages Press, Beijing, October 2014, p.317

[2] *Xi Jinping: The Governance of China*. 1st ed., Foreign Languages Press, Beijing, October 2014, p.319

Oceania), and fully elaborated on the overall framework and basic connotation of the "Belt and Road" initiative. The Silk Road spirit of peace and cooperation, openness and inclusiveness, mutual learning, and mutual benefit, combined with the idea that projects should be jointly built through consultation to meet the interests of all, dispels the haze of "de-globalization" and injects new kinetic energy into the sluggish growth of the world economy. Many countries have linked up their own economic development to the "Vision and proposed actions outlined on jointly building Silk Road Economic Belt and 21st- Century Maritime Silk Road" proposed by the Chinese government.

The "Belt and Road" initiative advocates policy coordination, facilities connectivity, unimpeded trade, financial integration, and people-to-people bond. With the emphasis on infrastructure build-up, economic and trade cooperation, industrial investment, energy resources development, financial support, people-to-people exchanges, ecological environmental protection, and marine cooperation, the initiative has set off a new momentum in investment, trade activity, technological innovation, and production capacity cooperation in the world. In 2016, China led the establishment of the Asian Infrastructure Investment Bank (AIIB), which was joined by 57 member states. As of June 26, 2018, after six expansions, the total number of members increased to 87, and 28 projects had been carried out in 13 countries. The Bangladesh Power Distribution System Upgrade Expansion Project, the Indonesia National Shanty Town Transformation Project, the Pakistan National Highway Project and the Tajikistan Dushanbe-Uzbekistan Border Road Improvement Project have received financial support from the AIIB. The idea of joint project implementation through consultation to meet the interests of all has since turned into reality .

The "Belt and Road" initiative has drawn strong and positive feedback from the international community. On November 17, 2016, the 71st session of the 193 members of the United Nations General Assembly unanimously endorsed the adoption of resolution A/71/9 to welcome the "Belt and Road" proposal, encouraging all of its member states to boost economic development of Afghanistan and the region through participation in the proposed project. In addition, it called on the international community to provide a safe and secure environment for the implementation of the initiative. On March 17, 2017, the United Nations Security Council voted unanimously to adopt resolution NO. 2344, and called on the international community to rally assistance to Afghanistan, and strengthen regional economic cooperation through the "Belt and Road" initiative, etc. It also urged all parties to provide a safe and secured environment for carrying out the program.

In January 2017, President Xi Jinping delivered a keynote speech at the United Nations Office at Geneva titled "Work Together to Build a Community of Shared Future for Mankind," comprehensively and systematically elucidated the fundamental idea of a community with a shared future for mankind, which echoed enthusiastically in the international community and was widely welcomed and highly applauded by many countries, organizations and political parties. At its 34th meeting, on March 23, the United Nations Human Rights Council adopted two resolutions on "economic, social and cultural rights" and "the right to food," which clearly stated the need to "build a community with a shared future for mankind." This is the first time the landmark concept of a community with a shared future for mankind has been incorporated into a UN Human Rights Council resolution, and it has become an important part of the international human rights discourse system.

The "Belt and Road" is not a solo play by China only, but a symphony played in concert with Asia, Europe, Africa and countries around the world. China abides by the purposes and principles of the UN Charter, advocates openness and cooperation, espouses harmony and inclusiveness, supports policy coordination, fosters political mutual trust, builds consensus on cooperation, coordinates development strategies and promotes trade facilitation and the institutional mechanisms of multilateral cooperation. China has joined hands with more than 100 countries and regions to co- create a new Eurasian continental bridge. This has been accomplished by taking advantage of international transport routes that are supportive of the central cities along the "Belt and Road", and building key economic and trade industrial parks as a platform for cooperation. China-Mongolia-Russia, China-Central Asia-West Asia, China-Pakistan, Bangladesh-China-India-Myanmar, China-Indochina Peninsula and other international economic cooperation corridors are progressing smoothly. China Railway Express accentuates trade and shipping overland between China and Europe with a bright future. Meanwhile, key sea ports also serve as the nodes to jointly build a smooth, safe and efficient transportation network, and hence enables a close connection between land and sea routes. Together with the overland cargo train transportation, the frequent cargo ships sailing on the Pacific, Indian and Atlantic Oceans poses an amazing picture. In summary, the relevant resolutions or documents of the Asia-Pacific Economic Cooperation, the Asia-Europe Meeting, and the Greater Mekong Subregion Economic Cooperation program all embody the "Belt and Road" initiative. By bringing together the world's wealth, Silk Road Fund, development finance, and supply chain finance strive to build a green, healthy, intelligent and peaceful Silk Road, and enhance the well-being of people around the globe.

The "Belt and Road" is a grand blueprint that has never been seen in human history. It is also a warm heart line that connects Asia, Africa and Europe to countries around the world. The Silk Road Economic Belt includes China via Central Asia, Russia to Europe (Baltic Sea), China via Central Asia, West Asia to the Persian Gulf, the Mediterranean Sea, China to Southeast Asia, South Asia, and the Indian Ocean; the 21st Century Maritime Silk Road includes from China's coastal ports to the South China Sea as well as the Indian Ocean that extends to Europe and the South Pacific. Friendly exchanges among countries are just a camel-ride and a boat trip away from each other.

In this new era and the great course of renovating the spirit of the ancient Silk Road, President Xi Jinping dedicated to cherish the pioneers of the Silk Road and particularly pay tribute to the founders of the spirit of the ancient Silk Road:

"In ancient times, our ancestors struggled through deserts and sailed in boundless seas to transport Chinese products to countries overseas, taking a lead in international friendly contact. Along that path, Kan Ying, Zheng He and Ibn Battuta were all known as envoys of this China-Arab friendship. Through the Silk Road, Chinese inventions like paper-making, gunpowder, printing and the magnetic compass were spread to Europe, and Arabic conceptions like astronomy, the calendar and medicine were introduced to China.

For hundreds of years, the spirit that the Silk Road bears, namely, peace and cooperation, openness and inclusiveness, mutual learning, mutual benefits and win-win results, has lived on through generations." [1]

There is a Chinese saying that when you drink the water,

---

[1] Xi Jinping. "Promoting the Silk Road Spirit and Deepening China-Arab Cooperation." Key note speech at the opening ceremony of the 6th Ministerial Meeting of the China-Arab States Cooperation Forum, section one, People's Daily, June 6, 2014.

think of those who dug the well. The implication that the Chinese people never forget history is clearly demonstrated in our excellent cultural tradition of commemorating the sages and at the same time looking forward to the future. It also points out the direction and path for the Chinese Biographical Literature Society to participate in the "Belt and Road" initiative.

On the ancient Silk Road, we have never forgotten Zhang Qian's twice diplomatic missions to the western regions in Han Dynasty that include Kazakhstan, the good neighbor Pakistan with high mountains and beautiful rivers, the double-headed eagle across Eurasian country Russia, grassland country Mongolia, Himalaya floating paradise Nepal, Bodhi Ganges blessed country India, cultural treasure Iran, the first Codex System member country Iraq, Red Sea gateway Yemen, oil kingdom Saudi Arabia, the Persian Gulf pearl Bahrain, cedar country Lebanon, Gulf Star Kuwait, desert peak UAE, the Peninsula pearl Qatar, and Oman —the gatekeeper of Hormuz Strait at Persian Gulf, thousand-lake country Belarus, Turkey at the Eurasian crossroads, Israel—

a land flowing with milk and honey, Ukraine of European granary, Italy—the cultural pinnacle of Apennines, Switzerland at the top of Alpine, rose country Bulgaria, and Germany, a nation famous for great thinkers, France, the center of the European culture, the welcoming and comfortable Belgium, tulip country Netherlands, the warm and sunny Spain, as well as the elegant Britain, pyramid country Egypt in North Africa, Ethiopia on the roof of Africa with the national flower of calla lily, the great Vanilla Island country Madagascar, and so on.

Along the Maritime Silk Road, we will come across Malaysia, the country of jungle gardens, garden country Singapore, the Thousand Islands country Philippines, and Indonesia, an emerald on the equator line. Down the Lancang-Mekong River all the way south, we will experience Vietnam whose land moistened by the Lancang-Mekong River, Thailand, the country of thousand Buddhas, the smiling country of Khmer Cambodia, and Laos, the "Land of a Million Elephants." On the Indian Ocean, we will also see the ocean pearl Sri Lanka, the ocean star Mauritius, the rich and abundant Brunei, the freedom seeker East Timor, the idyllic Maldives, and Australia, a country on the back of the sheep, New Zealand, the back garden of God, and so on.

In the countries along the Belt and Road, those ancient and modern figures who have influenced the destiny of mankind, countries and nations for thousands of years and had dealings with China are still seen in today' s textbooks, movies and television dramas. Their influence and charm are still felt by generations of young people.

Certainly, for the Chinese people, we are more familiar with the pioneers of the Silk Road. Have we ever remembered? Among the trail blazers of the Silk Road were Emperor Wu of Han Dynasty and his envoys, Emperor Li Shimin, the co-founder of the Tang Dynasty that epitomized a golden age and his countless subjects, the Song imperial court and numerous sages who continued good-neighbor practice and friendly maritime navigation, as well as the Yuan Dynasty warriors who led armored cavalry with shining spears, the Ming Dynasty figures who unified the country, and the Qing Dynasty characters who maintained a clear mind during global turmoil, as well as the modern individuals who, by learning from both the west and the east in a time of rapid change, had the courage to build a sea power nation. There were also the guardians of Dunhuang Mogao Grottoes known as the Silk Road Pearl, the generals who safeguarded the country and helped the neighbors, and the diplomats who convey information and messages between China and foreign countries. Without a doubt, it is our current era that features true heroes. We can not praise highly enough the contemporary people who have been plunging themselves into the development of the new Silk Road.

Hard work pays off, family line continues, wisdom passes on, and history pushes forward! The history of friendly exchanges and traffic between China and the West, which benefits the four continents, for more than 2,100 years has been nonstop. The "Chinese Dream" and "World Dream" in the 21st century have become the chord of our time for humanity's shared future, resounding on the "Belt, and Road." For this reason, in May 2017,

Beijing welcomed thousands of leaders from all walks of life, including heads of government, former eminent statesmen, well-known entrepreneurs, distinguished experts and scholars from the "Belt and Road" countries, as well as leaders of international organizations to attend the "International Cooperation Summit Forum." This grand event of "Thousands of people's meeting" shared "solidarity, mutual trust, equality, inclusiveness, mutual learning and win-win cooperation"[1] and exchanged views on this "great undertaking benefiting of the people of all countries along the route." [2] This is a big day that should be remembered in the history of the Chinese nation and the world.

In the implementation of the "Belt and Road" initiative, the Chinese Biographical Literature Society that devotes to biography

------

[1] Xi Jinping. *Promote Friendship between Our People and Work Together to Build a Bright Future*. Keynote speech at Nazarbayev University in Kazakhstan. September 7, 2013.

[2] Xi Jinping. *Promote Friendship between Our People and Work Together to Build a Bright Future*. Keynote speech at Nazarbayev University in Kazakhstan. September 7, 2013.

writing, takes as its the mission "telling the good stories" of the "Belt and Road," which is also the responsibilities entrusted to us by the state.

Under the leadership of the China Federation of Literary and Art Circles and the guidance of the National Global Strategic Think Tank of the Chinese Academy of Social Sciences, the Chinese Biographical Literature Society, with its love for the family and the nation, a keen spirit of the age and the responsibility of writing decent biographies, by careful research, thorough planning and thoughtful organization, made an unwavering decision to devote itself to organizing and publishing the "The Legend of the People along the Belt and Road nations". These brilliant volumes of biographies tell the stories of nearly a thousand national characters, involving laborious work from hundreds of expert writers who had been writing day and night over years. Our gratitude extends to the China Intercontinental Press, for the publication and distribution. Thanks to their generosity and effort, readers now have the opportunity to read the vivid yet serious and interesting yet enlightened biographies of outstanding people from many nations.

Confucius said, "Humanity is of humans ." Let the brilliant ideas of the wise men of all nations light up our path to explore the future of mankind.

The biographies are written for high ideals. Herein is the intro duction.

President of the Chinese Biographical Literature Society

Director of the Editorial Board of

"The Legend of the People along the Belt and Road"

Dr. Wang Li

March 30, 2019

目 录

Contents

引　言

作为澳大利亚地标性建筑，悉尼歌剧院独特的折叠式拱形帆船外形让人叹为观止，堪称人类现代建筑史上的一个奇迹。比悉尼歌剧院更神奇的，是澳大利亚这个国家。

澳大利亚联邦，简称澳大利亚。澳大利亚，原意是"南方的大陆"，来自拉丁文 australis（南方的土地）。欧洲人在 17 世纪初发现这块大陆时，以为这是一块直通南极洲的陆地，故取名"澳大利亚"。澳大利亚处于大洋洲，位于南太平洋和印度洋之间，由澳大利亚大陆、塔斯马尼亚岛等岛屿和海外领土组成。东濒太平洋的珊瑚海和塔斯曼海，北、西、南三面临印度洋及其边缘海。海岸线长 36735 千米。北部属热带，大部分属温带。澳大利亚的总面积为 769.2 万平方千米，是世界上唯一独占整个大陆的国家。

澳大利亚是大航海时代发现的一块新大陆。

1606 年，西班牙航海家托勒斯的船只驶过位于澳大利亚和新几内亚岛之间的海峡；同年，荷兰人威廉姆·简士的"杜伊夫根号"登陆过澳大利亚并命名此地为"新荷兰"，成为有记载的登陆澳大利亚的第一位外来人。

1770 年，英国航海家库克船长发现澳大利亚东海岸，将其命名为"新南威尔士"，并宣布这片土地属于英国。

开始，英国人把澳大利亚作为一个流放囚犯的地方。1788 年 1 月 18 日，由菲利普船长率领的一支 6 艘船的船队，共 1530 人抵达澳大利亚的植物园湾，其中 736 名为囚犯。8 天后，他们正式在澳大利亚杰克逊港建立起第一个英国殖民区，这个地方后来人口不断增长，成为澳大利亚的第一大城市悉尼。这个名字是为了纪念当时的英国内政大臣悉尼（Sydney）。后来，每年的 1 月 26 日成为澳大利亚的国庆日。

1851 年，哈格里夫斯在澳大利亚新南威尔士发现金矿，拥有各种肤色，操着各种语言的移民从世界各地涌向澳大利亚。英国也从这个时期开始，不再向这里流放犯人，自由移民很快就超过了流放囚犯。澳大利亚的人口从 1850 年的 40 多万人，猛增至 1900 年的 376.5 万人。截至 2023 年

2月，澳大利亚总人口为2598万人。

1901年1月1日，澳各殖民区改为州，6个殖民区统一成为联邦，成立澳大利亚联邦，同时通过第一部宪法。澳大利亚联邦的建立，标志着澳大利亚民族国家的形成。

1927年，澳大利亚首都迁往堪培拉。1931年，英国议会通过《威斯敏斯特法案》，使澳大利亚获得内政外交独立自主权，成为英联邦中的一个独立国家。1986年，英议会通过"与澳大利亚关系法"，澳大利亚获得完全立法权和司法终审权。

澳大利亚国旗是长方形，长与宽之比为2:1。旗底为深蓝色，左上方是红、白色"米"字，"米"字下面为一颗较大的白色七角星。旗的右边为5颗白色的星，其中一颗小星为五角，其余均为七角。由于澳大利亚为英联邦成员国，英国女王为澳大利亚的国家元首。国旗的左上角为英国国旗图案，表明澳大利亚与英国的传统关系。一颗最大的七角星象征组成澳大利亚联邦的6个州和2个联邦领地（北领地和首都领地）。5颗小星代表南十字星座，这是南天小星座之一，表明该国处于南半球。

　　澳大利亚的国徽，左边是一只袋鼠，右边是一只鸸鹋，这两种动物为澳大利亚特有动物，它们一般只会向前走，不轻易后退，象征着一个永远迈步向前的国家。国徽中间是一个盾，盾面上有6组图案分别象征这个国家的6个州。红色的圣乔治十字形（十字上有1只狮子、4颗星）象征新南威尔士州；王冠下的南十字形星座代表维多利亚州；蓝色的马耳他十字形代表昆士兰州；伯劳鸟代表南澳大利亚州；黑天鹅象征西澳大利亚州；红色狮子象征塔斯马尼亚州。盾形上方为一枚七角星，象征澳大利亚联邦的6个州和1个联邦区。周围饰以澳大利亚国花金合欢，底部的绶带是英文书写的"澳大利亚"。

　　澳大利亚名义上的国家元首是英国国王，任命总督为其代表，还在各州直接任命州督（而不由联邦总督或政府指派）。根据现代的澳大利亚宪政惯例，英国国王及澳大利亚总督、州督实际上不干预政府的运作。

　　联邦议会是澳大利亚的最高立法机构，也叫作国会，成立于1901年，由众议院和参议院组成。众议院有150名议员，按人口比例选举产生，任期3年。参议院有76名议员，

6 个州每州 12 名，2 个地区各 2 名。各州参议员任期 6 年，每 3 年改选一半，而各地区参议员的任期 3 年。

联邦政府由众议院多数党或政党联盟组成，该党领袖任总理，各部部长由总理任命。政府一般任期 3 年。

澳大利亚有大小政党几十个，主要政党有自由党、澳大利亚工党、国家党。自由党于 1944 年成立，曾多次执政，为 2013 年 9 月至今的执政党；澳大利亚工党成立于 1891 年，为澳最大政党，同工会关系密切，工会会员多为其集体党员，自 1940 年以来曾执政 11 次，2013 年 9 月在大选中落败；国家党成立于 1918 年，原称乡村党，后称国家乡村党，1982 年改用现名，其势力范围主要在农村地区，代表农场主利益，2013 年 9 月至今与自由党联合执政。

澳大利亚是一个后起的工业化国家，农牧业、采矿业为其传统产业。自 20 世纪 80 年代以来，澳大利亚通过一系列有效的经济结构调整和改革，制造业和服务业得到迅速发展，经济得到持续较快增长，进入世界先进国家的行列。据 2017 年 7 月 1 日世界银行公布的数据，2021 年澳大利亚 GDP 总量为 17027 亿美元，在世界排名第 12 位；人均 65543 美元。

澳大利亚奉行独立自主的外交政策，在坚持巩固澳美同盟、发挥联合国作用以及拓展与亚洲联系三大传统外交政策的基础上，通过积极参与全球和地区热点问题提升国际影响力，着力推进"积极的有创造力的中等大国外交"。

中国同澳大利亚于 1972 年 12 月 21 日建交，两国目前正共同致力于建设全面战略伙伴关系。

2014 年 11 月，习近平主席访问澳大利亚期间，中澳双方决定把双边关系定位提升为全面战略伙伴关系。

2016 年 9 月 4 日，习近平主席在杭州会见在华出席 20 国集团领导人杭州峰会的澳大利亚总理特恩布尔。

习近平主席指出，中方高度重视发展中澳关系。希望双方相向而行，坚持互信互利原则，拓展务实合作，扩大人文交流，推动中澳全面战略伙伴关系健康稳定向前发展。

特恩布尔表示，澳中传统友好，两国全面战略伙伴关系在澳国内受到广泛支持。澳方致力于积极落实澳中自贸协定，愿深化两国经贸关系，继续欢迎中国对澳投资。

几十年来，贸易自由化和经济改革一直是澳大利亚政府政策的核心。到 20 世纪 60 年代，英国和美国一直是澳大利亚的主要贸易伙伴。现在，中国、日本、美国和韩国都是澳大利亚的重要贸易伙伴。据中国商务部数据显示，2022 年，中澳贸易总额达 2209 亿美元。

澳大利亚是典型的移民国家，被社会学家喻为"民族的拼盘"。自英国移民踏上这片美丽的土地开始，已先后有来自世界 120 个国家、140 个民族的移民到澳大利亚谋生和发展。截至 2022 年 10 月，澳大利亚总人口中英国及爱尔兰裔占 74%，亚裔占 5%，土著人占 2.7%，其他民族占 18.3%。据澳大利亚统计局 2022 年的人口普查数据显示，华裔人口数量已超过 140 万人。华人群体成为澳大利亚第一大非英语少数民族社区群体。多民族形成的多元文化是澳大利亚社会一个显著特征。澳大利亚是一个多元文化社会，拥有众多宗教信仰，目前约 52.1% 的居民信仰基督教，2.6% 的居民信仰伊斯兰教，2.4% 的居民信仰佛教。

澳大利亚人朴实单纯，为人厚道，既有欧洲人的豪爽，又有东方人的矜持，特别重视人与人之间的平等，强调友谊和相互尊重。他们的生活大多是轻松而友善的。开车的人从不随便鸣喇叭，道路上几乎见不到垃圾，打架斗殴更是少之又少。每逢周末，他们便会抛开一切，奔向自然，消遣娱乐。政府也鼓励人们在工作之余更好地休息娱乐，有时去度假的人还会得到一份津贴，可谓是一个人文主义精神非常浓厚的国家。

走进一个国家，了解一个国家，一个非常重要的途径就是要从结识和了解这个国家的精英们开始。澳大利亚从一开始的与世隔绝，到今天变成全世界都为之瞩目的发达国家，经历了许多风风雨雨，诞生了很多伟大的人物：亨利·帕克斯在19世纪末的英国殖民时代最早提出召开联邦议会、制定联邦宪法、建立联邦国家，他因此被誉为"澳大利亚联邦之父"。海伦·斯彭斯是澳大利亚第一位以本土题材进行创作的女性小说家，也是澳大利亚女权运动的先锋。梅光达是一位近代的澳籍华裔商人，澳洲华人的总代表，被驻澳20多国的使节承认为事实上的中国总领事。约翰·莫纳什是一个杰出的土木工程师，在第一次世界大战中又是卓越的澳新军团司令。戴维·乌奈庞是澳大利亚历史上第一个发表了文章作品的土著人作家，也是一个难得的科技发明家。约翰·弗林创办了世界上第一个空中救护组织——澳大利亚皇家飞行医生服务机构，为成千上万的人解除了疾病。弗洛里是青霉素的最早应用者，继而找到了批量生产青霉素的方法，因而获得诺贝尔生理学或医学奖。帕特里克·怀特是 1973 年诺贝尔文学奖得主。他的作品有"澳大利亚的创世纪"之称。黄英贤是深爱好评的澳大利亚首位华人上议院议员和内阁部长。她说："我们做事非常认真，因为我是一个中国家庭的长女，是需要担负责任的澳人。"苏震西是墨尔本首位民选市长，也是国际组织"世界市长"评选活动中评选出的"世界最佳市长"。

他们所代表的澳大利亚人为这片原本美丽神秘的土地更增添了别具一格的风采，使这个国家被世人瞩目。

Chapter

01

"澳大利亚联邦之父"

——亨利·帕克斯

澳大利亚联邦之父

亨利·帕克斯

　　亨利·帕克斯（1815—1896年），澳大利亚国父，当年的伦敦《泰晤士报》形容他是澳大利亚政坛最有影响力的人物。亨利·帕克斯出生于英格兰的帕克斯，曾是一名熟练的技工。1839年移居澳大利亚。曾发起运动反对英国将囚犯送往澳大利亚，曾为澳大利亚各州联盟和推行强制义务教育做出了贡献，曾在1872年至1891年间5次出任新南威尔士州总理，将新南威尔士建成自由贸易区。1887年，他首次提出将新南威尔士更名为"澳大利亚"的构想。1889年，他呼吁各殖民地代表聚集一堂制定一部成立联邦议会、建立一个统一国家的宪法，他因此被誉为"澳大利亚联邦之父"。

01 / 酷爱读书的青年技工

　　有些英雄人物，或者王侯将相，一出生就有着传奇的起点，然而这个世界上，更多的是像亨利·帕克斯这样心怀大志的平凡少年。平凡的出身、困顿的家庭，没有成为禁锢他们思想的束缚，反而更加激励他们去勇敢奋斗，同命运进行抗争。

1815 年 5 月 27 日，伴随着清脆的啼哭声，英国的帕克斯一个普普通通的工人家庭里，增添了一个鲜活的生命。

"你看这个小家伙，多可爱，手指还张着，跟要抓东西一样"，父亲看到这个新出生的婴儿，仔细地观看了一会儿，高兴地对躺在床上休息的妻子说着。

妻子满怀爱意地看着自己的丈夫，还有他怀里那个刚出生的乖小孩，突然又有些感伤："哎，可是我们这个家庭，并没有什么东西能让他抓住啊！"

丈夫是一个坚强乐观的男人，他对着正在叹气的妻子说道："别这么说，我们家现在是不太好过，但是这个孩子他自己会努力，然后一定就能抓住他自己想要抓住的东西，我们应该为我们生了一个有志向的孩子而高兴才对。"

躺在床上的妻子听完丈夫对她说的话，被他的幽默和乐观打动，露出甜蜜的微笑，然后满怀期待地看着自己的孩子，她有些迫不及待地想知道这个小孩子长大以后会抓住什么东西。

　　这是一个贫困的工人家庭，父母每天辛勤工作，每月的工资也只够一家人的温饱。

　　虽然家庭条件不好，但是亨利·帕克斯从小就乖巧懂事，喜欢提问题，并且经常会问一些大人们也回答不了的问题。这个时候，亨利·帕克斯只能默默地将这些问题埋藏到内心深处，希望有一天能够找到答案。

　　有一次，他问刚回家的母亲一个问题。他不停地问，把母亲问得有些不耐烦，就跟他说道："小亨利，等你够了年龄，爸妈就带你去学校，到了学校，你就能知道这些事情到底是为什么了！"听完母亲跟他说的话，亨利·帕克斯开始对母亲所说的学校产生了向往。

　　终于到了上学的年纪，亨利·帕克斯开始了求知若渴的学生生涯。他惊讶又兴奋地发现，原来解决内心那些疑问很简单，答案在书本里全都能够找到。

　　他欣喜若狂，沉迷在知识的海洋中。每当明白了一个以前不知道的事情后，他会激动地跑去告诉自己的父母，然而父母每天在工厂上班都很劳累，回到家只想好好休息一会儿，他们只是轻轻地说了句："我们知道了，你真棒！"然后就回到卧室去休息了。

但是亨利·帕克斯丝毫没有因为父母的态度而失望，而是开始更加痴迷地埋头进入知识的世界，以汲取更多的知识。

这天，亨利·帕克斯回家后，打算好好看一下今天刚在图书馆借的一本书，可是一推开家门，父母居然在家中坐着，他走过去问他们怎么在家，父母都不说话，只是沉默。

许久，母亲抬起头，眼眶湿润地看着年少可爱的孩子，小声地对他说："你爸爸被工厂辞退了，家里已经没有钱来供你读书了，从明天开始你就不能再去学校了，你爸爸给你找了一家工厂，你先去做学徒。等你长大了，我们这个家就要靠你了。"

这个消息对于热爱学习的小亨利来说绝对是一个晴天霹雳。他想拒绝，可看到母亲那双长满老茧的手。还有父亲，小时候亨利一直觉得他是那么高大、强壮，然而现在，他却觉得父亲变得有些瘦小，让他产生了一股想要保护家人的念头。亨利·帕克斯答应了母亲。

但是，离开学校的他，从未放弃过对知识的热爱。只要一有时间，他就会想方设法找来一些书籍或者报刊，增加自己的知识面和阅读量。他坚信：靠自学，仍然可以成为一个有文化的人！

时光荏苒，曾经的小小少年已经成长为一个青年，也成为一名熟练的技工，成为全家人的经济支柱。每天中午，工厂下班后，工人们都急切地跑去餐厅。然而，亨利·帕克斯却不急，反而抓紧时间看会儿书，等人少一点儿再去。

可当他去餐厅的时候，饭菜已经快见底了，那些本来热气腾腾的饭菜，都已经变凉了。"小伙子，怎么每次都来这么晚啊？"给他盛饭的是一个跟亨利·帕克斯母亲差不多年纪的中年妇女，一边把剩下的饭菜盛到亨利的碗里，一边问他。

亨利·帕克斯微微一笑，没有立即回答她，而是看了一眼自己的书。"哦，小伙子，我明白了，你是先去看书，然后才过来的，对吧？"中年妇女有些明白了。

亨利·帕克斯有些羞涩地点点头："是啊，下了班人们都往餐厅挤，我挤不过他们，就先去看了会儿书。"

"我很喜欢你这个孩子，你这么喜欢读书，我觉得我应该支持一下。"说完，阿姨让亨利·帕克斯把耳朵贴过来，小声对他说："下次你还可以先去看书，我给你留一份饭菜，到时候你直接来取就行。不过，你可别告诉别人，这是咱俩之间的秘密。"

亨利·帕克斯听后，高兴地连连点头。从那天起，他俩就心照不宣地履行着彼此的约定，亨利因此有了大量的时间看书。亨利·帕克斯每看完一本书，就去职工图书馆换下一本，久而久之，图书馆管理员也很喜欢这个爱看书的小伙子，每次图书馆进了一批新书，管理员总会给亨利留一本，等他来还书的时候告诉他。

亨利·帕克斯多次对管理员表示感谢，管理员总是笑着说："没事啊，小伙子，我很喜欢你这个爱读书的习惯，你现在积累了知识，以后就可以好好运用到其他方面。"亨利·帕克斯很感激自己的生命中出现的这些对他提供过无私帮助的人。他认为，虽然上帝没有给自己一个优越的家境，但是却给了他很多帮助，让他在离开学校之后，依然有机会可以阅读到很多书籍，收获到很多知识。

通过这些年的大量阅读，亨利·帕克斯开始对政治产生了浓厚的兴趣，因为他觉得一个人只有拥有了权力，才能通过颁布一些好的政策来真正改变人们的生活。但是要走上从政这条路，除了知识和能力，还需要金钱的支持才行，而他现在的工资只能勉强维持全家人的生计，别说是从政，就是买本书，都拿不出足够的钱。

1839 年，24 岁的亨利·帕克斯全家移居澳大利亚。他之所以来到这里，就是希望在这片土地上一展拳脚，实现自己的人生抱负。

02 ／ 反对向澳流放因犯，争取言论普选权利

来到澳大利亚后，亨利·帕克斯拿着从亲人朋友那里借来的钱去投资，经过一番努力后，最终获得了丰厚的回报。拥有了稳定的经济基础后，他决心正式向自己梦想的政界进发。

一个人拥有自己的梦想，而一个国家呢，也有自己的

梦想，这个大梦想，是生活在这片土地上无数居民的小梦想汇聚在一起形成的。对于一个试图从政的人来说，更要把自己的小梦想与民众的大梦想紧密结合。

当时澳大利亚人的大梦想是什么呢？

1770 年，英国航海家库克船长发现了澳大利亚东海岸，将其命名为"新南威尔士"，并宣布这片土地属于英国。一开始，英国人将澳大利亚作为一个流放囚犯的地方。后来，越来越多的来自欧洲与世界各国的自由公民进入澳大利亚，建立了很多殖民区。而英国政府仍然把这片美丽的土地当作流放囚犯的地方。澳大利亚人不想让自己的新家园继续成为犯人的流放地，在 1849 年至 1852 年间，兴起了一场反对英国政府把犯人送往澳大利亚的运动。

亨利·帕克斯积极发动、组织和参与这场运动，他频繁地出现在公众视野中，用自己富有激情的演说、昂扬的斗志，代表人民发出他们的抗议，得到了很多民众的支持。为了影响更多的民众，亨利·帕克斯开始撰写各类文章，先是从自己身边发生的事情写起。由于出身社会底层，所以他更能明白穷苦大众的真实诉求。后来，亨利·帕克斯又去外地寻找素材，只要听说哪个地方发生了什么不同寻常的事情就会立刻赶去，并迅速完成新闻稿。写完后，他试着去投稿，但是被告知不能发表，编辑在给他的信中写道："对不起，先生，你写的文章很好，但是由于你不是大学毕业，所以我们不能录用你的稿子。"亨利·帕克斯十分生气，他认为任何人都有发表自己言论的权利，紧接着他投了另外几家报社，但都被以同样的理由拒稿。

亨利·帕克斯没有放弃。1850 年，他拿出自己的积蓄，开始经营一家名为《帝国新闻报》的报社并亲自担任主编，宣扬自由派的主张。他积极倡导了争取普选权的运动，使澳大利亚每个成年男子都拥有了自己的选举权。由于《帝国新闻报》刊登的内容都是与民众生活关系十分密切的事情，并且亨利·帕克斯多次在公众面前发表公开演说，因此深得民意，支持他的人越来越多。

"亨利先生，我很喜欢你主编的《帝国新闻报》，我认为它是一份真正为民众发声的报刊，值得人们去好好阅读。"一天，一位《帝国新闻报》的忠实读者赶到报社门口，拦住了正要回家的亨利·帕克斯。亨利·帕克斯看着这位读者，礼貌地说了句谢谢就打算离开，但是这位读者却依然挡住亨利不让他走。

"请问我还有什么可以帮助你的吗？"亨利·帕克斯问道。这位读者低着头不说话，丝毫没有要给他让路的意思。正当亨利·帕克斯有些不耐烦的时候，这位读者从兜里拿出好几张信纸交到亨利的手上，有些不好意思地说："我很喜欢您的报纸，其实我也是一位撰稿人，对民生问题很感兴趣，这些都是我的作品。我拿到很多报社去应聘，他们都不同意，理由就是我没有大学文凭。说实话，我高中都没有读完，但是我这么多年一直保持着阅读的习惯，而且我一直认为我有这方面的天赋和能力。您这里是我最后的希望了，恳请您看一下我写的文章，并给我提出修改意见。"

亨利·帕克斯没有想到这位读者和自己曾经的遭遇如此相似，他点了点头，然后拿起手中的稿子认真地读了起来。刚看完第一篇文章，他就大为赞叹，这名青年绝对是一个很棒的新闻撰稿人，绝不能让这样的人才被埋没。

于是，亨利·帕克斯郑重其事地告诉他："你的确很天赋，这些稿子写得很有人文情怀，我希望明天再在这个地方相遇，然后我们一起把这份报纸打造得更加出色。"

年轻人高兴得几乎都要跳起来。"谢谢，谢谢您，我一定好好写作，不辜负您给的机会。"

正是由于亨利·帕克斯不重文凭，只重能力的招贤纳才方式，《帝国新闻报》在短短的时间里，发行量越来越多，影响力也越来越大，很多广告商都争抢着要和他合作。亨利·帕克斯越来越有声望。

1854年，亨利·帕克斯当选为新南威尔士立法委员会委员。在这个岗位上，他继续为民众发声，提出了很多改善人们生活和促进社会进步的法规，支持他的民众越来越多。两年后，亨利·帕克斯进入新议会，成为一名议员，从此成为新南威尔士政坛上一位叱咤风云的人物。后来他连续五届出任新南威尔士殖民地政府的总理。

但是，亨利·帕克斯的仕途之路也并非一帆风顺。由于他对政治极大的热情，没有时间顾及自己的家庭和生意，使得他付出了惨痛的代价。他接连两次生意破产，债台高筑，差点被控告为欺诈罪。因为这个原因，民众议论纷纷，社会舆论也越发偏激，他被迫从议会辞职。然而这一厄运没有打倒亨利·帕克斯内心的追求与热情。不久之后，他在朋友和选民的支持下重整旗鼓，再次当选议员。

03 / 倡导成立澳大利亚联邦

亨利·帕克斯是一个对政治有热情，也极具天赋的人。他认为现实生活中存在的问题，主要在于政府部门相应的法规政策还不完善。因此，亨利·帕克斯在议会里相继提出了很多具有建设性的构想和建议，并且大都被认可成为政策法规。

1866 年，他提出了公立学校法规，规定政府部门训练、任命和辞退教师的权力。这一法规后来促成了教育部门的建立，为后来澳大利亚各州推行强制义务教育奠定了基础，为国家发展教育起到开创性的作用。虽然他受教育程度不高，但是他却让千千万万的青少年得以获得公平、公正的教育。他还提出了医院管理法规，规定政府视察和监督医院工作并且雇佣有过训练经历的医护人员的权力。这些法规一经提出，都顺利获得了议会的批准并且开始执行，给无数的人们带来了福利。

但是，亨利·帕克斯也并非全部构想都能立即获得认可，其中一个最为惊人的伟大构想，更是花费了他余生的所有时间和精力，直到他离开人世，都没能亲眼看见这个构想的实现。这个构想，正是日后使他被称为"澳大利亚国父"的原因。

1887年，他被英帝国封为"骑士"。同年，亨利·帕克斯经过深思熟虑，首次提出：将新南威尔士更名为"澳大利亚"。这不是简单的更名，而是希望澳大利亚能够摆脱英国殖民地的地位。"南威尔士"是英国本土的一个地名，"新南威尔士"让人以为澳大利亚只是这个地区的延伸。正是因为如此，亨利·帕克斯的提议也就很难获得成功，而且在他生前都没有成为现实。

亨利·帕克斯没有灰心丧气，而是更加积极地号召这片土地上各个殖民地联合起来，共同实现组成一个新国家的梦想。

当时的澳大利亚分为 6 个殖民地，即新南威尔士、西澳大利亚、南澳大利亚、塔斯马尼亚、昆士兰和维多利亚。自 1850 年英国政府允许各殖民地有限自治后，它们的内政事务基本上是自治的，只是在外交和国防上由英国代管。这 6 个自治领同宗同源，都来自英国或者爱尔兰，说同样的语言，有同样的文化背景，同样的生活方式，还有共同的经济、文化发展与国防要求。但每个自治领又有各自的利益，这些利益有些是相互冲突的。比如，南澳大利亚就要求把新南威尔士西部边境一个矿业重镇划归己有，理由是这个镇离南澳大利亚更近，而且居民大多数都来自南澳大利亚。维多利亚则认为澳大利亚最重要的农业区墨瑞河平原应该完全划归维多利亚。此外，当时新南威尔士和维多利亚在经济实力和人口数量上都不相上下，其他自治领相对弱得多。如何防止双雄争霸，如何保障弱小自治领的权利，也有很多实际问题需要解决。

亨利·帕克斯一直在为推动各殖民地联合组成一个国家而努力。

1889 年，他在滕特菲尔德艺术学校发表了历史性的演

说。在这次演说中，他慷慨激昂，振臂高呼："澳大利亚
（现有）350万人，当美利坚人民组建伟大的联邦合众国时，
他们也只有300万—400万人，数量大致相同。且无疑美利
坚人已经通过战争做成的，澳大利亚人能够在和平中带来，
不用打破他们忠于母国的联系。"在建国途径上，亨利·帕
克斯提议各个殖民地代表聚集在一起制定一部宪法，并进
而成立联邦议会，建立一个统一的国家。结束演讲后，全
场鸦雀无声，台下的老师和学生们都被亨利激情澎湃的演
说震撼。几秒之后，全场开始爆发出雷鸣般的掌声，久久
不能停息。

亨利·帕克斯四处奔波，一次次发表公开演讲向人们诉
说联合起来的意义和重要性。他的努力没有白费，1890年，
亨利在墨尔本召开了联邦会议，这次会议成为第二年在悉尼
举行的"澳大利亚全国代表大会"的预备会议。亨利·帕克
斯在会议上提出了"澳大利亚"这一国名，获得了各殖民地
代表的一致支持。1897—1898年举行的澳大利亚联邦会议上
正式采纳了这一国名。1901年1月1日，亨利·帕克斯长期
担任总理的新南威尔士同其他五个殖民区一起组成澳大利亚

联邦。遗憾的是，这时亨利·帕克斯已经离开了人世，不能亲眼看到这一天的到来。

亨利·帕克斯为了实现这个构想不懈努力，在几次碰壁后不仅没有放弃，反而更加顽强地与那些保守派进行激烈的斗争，并最终促成了各个殖民地的联合建国，他因此被人们称为"澳大利亚国父"。他的确当之无愧于这个荣誉，正是由于亨利·帕克斯的敢为人先，才使得生活在这片土地上的人们有了自己的国家，并最终走向幸福。

04 / 五任总理，功绩永存

在 1872—1891 年的 19 年间，亨利·帕克斯曾经连续 5 次担任新南威尔士州的总理。

新南威尔士是英国在澳大利亚最早的殖民地，首府悉尼，最初的范围包括今天的塔斯马尼亚州（1825 年脱离）、昆士兰州（1851 年脱离）和维多利亚州（1859 年脱离），面积有 80 余万平方千米，是澳大利亚人口最多、发展水平最高的州。

亨利·帕克斯在任期间，积极发展经济贸易，最终将新南威尔士创建成一个发达的自由贸易区，使得这个一开始还只是英国政府流放囚犯的地区，崛起成为发达的经济开发区。

在任期间，亨利·帕克斯大力修建铁路。1883 年，悉尼到墨尔本的铁路建成。1889，悉尼到布里斯班的铁路也开通了。这不但方便人们出行，更重要的是给当地居民创造了一个更加开放自由的世界。因为悉尼、墨尔本和布里斯班分别是新南威尔士、维多利亚和昆士兰州的首府。除此之外，亨利还主持修建了许多公共设施，使当地更加城市化，更加宜居。为此，他赢得了民众的一致好评。

亨利·帕克斯爱好写作，一有时间就笔耕不辍，著有《澳大利亚历史形成中的 50 年》《澳大利亚人看英国》《澳大利亚联合政府》以及个人诗歌集共 6 卷，亨利的文笔隽永，引人遐思。

伟人之所以成为伟人，首先在于他是一个真实的人。他敢于承认自己性格的缺陷，敢于面对人生的困境，并且能够奋力一搏，不断朝着人生目标努力前行。

1896 年 4 月 27 日，亨利·帕克斯因病于悉尼家中去世，享年 81 岁。

亨利·帕克斯一生结过三次婚，前两次婚姻都因他的妻子病逝而终结，这给他的人生带来了两次无法愈合的悲痛。

亨利·帕克斯是澳大利亚历史上伟大的杰出人物，他去世后，澳大利亚政府将首都堪培拉的联邦会议所在地以亨利的名字命名为帕克斯区。在新南威尔士州的西部地区，也有一座以亨利的名字命名的城镇。

1996 年，亨利·帕克斯逝世 100 周年之际，澳大利亚皇家铸币厂发行了以亨利的肖像为原型铸造的币值为 1 澳元的硬币，并正式称亨利为"澳大利亚联邦之父"。后来，澳大利亚又再次发行了印有亨利肖像的币值为 5 澳元的纸币，以纪念他在澳大利亚历史上做出的不可磨灭的贡献。亨利·帕克斯在纸币上的肖像，是他在人们心中最经典的形象。

如今的澳大利亚联邦，是一个富有人文情怀、经济高速发展的发达国家，并且还是很多国际运动赛事的常年举办地。这一切，都来源于亨利·帕克斯提出的伟大构想，历史将永远铭记他的功勋。

平凡世界的灯塔

——凯瑟琳·海伦·斯彭斯

在这个世界上，永远有人在为自己的梦想持之以恒地努力奋斗。

在那个女性不能伸张正义的时代，在那个孤苦无依的儿童只能流浪在街头的国家，一个精神领袖的诞生，一位铿锵女性带领所有女性屹立于世界的一端，她凭借着自己过人的智慧与毅力，成为平凡世界里的一座灯塔。这个值得所有人敬仰的楷模，就是凯瑟琳·海伦·斯彭斯。

海伦·斯彭斯（1825—1910 年），19 世纪末 20 世纪初澳大利亚著名的女性公众人物，澳大利亚女权运动的杰出代表。海伦·斯彭斯出生于苏格兰，14 岁与父母移民来到了澳大利亚，当过家庭教师，并且短暂经营过一所私立学校，20 多岁时成为一名撰稿人。

海伦·斯彭斯是澳大利亚第一位以本土题材进行创作的女性小说家，创作过《克拉拉·莫里森：南澳州淘金时代的故事》等作品。她是澳大利亚女权运动的先锋，积极参与了为妇女争得选举权的运动并担任了扩大妇女参政权利联盟的副主席，还积极支持政府建立了澳大利亚第一所公立女子中学。她还为儿童的福利大声疾呼，与人合作建立了一家专门照顾儿童的志愿者机构。

01 / 创办特色学校

1825 年，苏格兰一户普通人家中，一个女婴呱呱落地。初为人母的女人虚弱地看着眼前的这个小生命，男人小心翼翼地抱着这个女孩。

自从女孩降生以来，这个平凡的家庭平添了一丝生机。"父亲，为什么那个东西亮亮的，我可以摸一下吗？"女孩扬起脸庞，眼里充满疑问。"噢，我的宝贝，那是火，它可以发亮，可以取暖，是一种很神奇的力量，但是我们还是不要碰它为好。""那好吧，父亲。"那亮光瞬间从她的眼神中熄灭，但是马上她就将注意力转向在窗边忙碌的母亲那边去了。

14 岁，正是花开无声的年纪，她随父母来到了澳大利亚。

有一天，她从报纸上看到了招聘家庭女教师的消息。虽然之前没做过这种工作，她还是带着侥幸的心理想去试一试。那天清晨，听着鸟叫的声音，闻着露珠的味道，年轻的姑娘向着能为自己带来第一份工作的那个家庭奔去。到

了门口，小姑娘整了整衣服，轻轻叩门。"咚咚咚……咚咚
咚……"这家主人似乎着急外出，急急忙忙答应了她，然
后匆匆地走了。

"你父母去干什么呢？这么着急的样子。"海伦问留在家
里的男孩。

"他们要去上班。"男孩说。

"怎么会这么乱？"跟着男孩进屋，海伦看着凌乱不堪
的屋子，吐了吐舌头。

"一直都这样。"男孩习以为常，从一堆乱书中抽出脚来。
"让我们开始吧。"漫长的下午，男孩只是乖乖地坐着，耐
心地学着。

天色有些暗了，她拍了拍小家伙的头，"就到这吧。不过，
你的父母怎么还没有回来呢？"

"也许到深夜他们就会回来了。"

"那……你一个人？"

"没关系，我已经习惯了。再见吧。"

上过几次课后，仍然没有见到男孩的父母。"难道你的
父母每天都回来得这么晚吗？"海伦这样问道。

男孩回答道："你今天可能有机会见到他们的。"

说着，门外的争吵声传来。只见这家的主人推门而入，服装整洁，但脸色不是很好。他们礼貌性地打了一下招呼，一路争吵着向楼上走去。之后，楼上断断续续地发出争吵声。之后几次，只要男孩的父母在家，就一定会有争吵声。海伦听不懂他们在吵什么，后来跟父母说起这件事，才明白他们是在讨论一些社会问题。

积累了一些经验并有了一些积蓄后，海伦和朋友们共同创办了一所学校。

刚开始，大家面对学校里的一群孩子很是头疼，每天的课堂里都是鸡飞狗跳的。更头疼的是虽然他们做了很多工作，可是上学的孩子，尤其是女孩越来越少，他们的收益甚微，办学难以为继。

海伦急得团团转。当她灰心丧气地回到家，父母似乎察觉到海伦低落的情绪，关切地问："宝贝，怎么了？"

"没事，妈妈。"海伦抱了抱母亲。一个长长的拥抱，母亲察觉女儿肯定有什么困扰。

"宝贝，很多事情我们都可以做到，妈妈希望你坚持自

己的道路，坚持那个方向，不忘初心。不要惧怕失败，要
积极向上地看待问题，从另一个方向，另一个角度思考事情。
亲爱的宝贝，妈妈希望你能永远开心快乐。"

"妈妈，谢谢你，我明白，我只是暂时有点不顺畅，我
会调整自己，带领大家一直走下去，直到看到那份光明。"

"好了，宝贝，妈妈准备好了晚餐。来吧。"

餐桌上放了一份报纸，映入眼帘的就是一幅照片，阳光下
孩子们在一条小河边的一片树林里，尽情地嬉戏打闹。海伦大
吃一惊，看了看低头喝着牛奶的父亲，原来他们什么都知道了。
海伦想到了一路的艰辛，想到了最近的挫折，忍不住呜咽起来。

"我的女儿，不要哭泣。乌云总会过去，你要相信自己。
这里是一位资深女教师的住址，你去找她聊聊吧。"父亲拍
了拍海伦的脑袋，就像小时候，每次海伦有什么想不开的
事情，想哭的时候，父亲都会这样拍拍她的脑袋，给她信心。

第二天，海伦拿着纸条，来到了那位女教师的门前，轻
轻叩了叩门，开门的是一个穿着整洁的女佣，说明来意后，
女佣引领她来到了女教师的面前。眼前的女教师姿态优雅，
面容祥和。

"您好，我的父亲介绍我来的。"

"哦，姑娘，听你父亲说，你和同伴合开了一所学校？不过学校可不是那么好办的……"

"尊敬的老师，不必担心。我一定可以把学校办好的。"也许是海伦眼中那份坚定的眼神感动了女教师。她轻轻地说："你是有什么烦恼吗？"说着给海伦端来了一杯茶，"孩子，有什么话就说吧。"海伦看着慈祥的女教师，忍不住哭了起来。海伦与女教师说起了开办学校的困境，还有她怎么也不明白，学校里的女孩为什么会越来越少。说着说着无意中聊起了一个女性朋友的遭遇。海伦说道："我的同伴本来与我一起在同一所学校很多年，可是几年前她结婚了，婚后她就成了家庭主妇，我不明白为什么女人不能出来工作？"女教师对海伦说道："姑娘，每个人的选择都不尽相同，我们不能要求每个人都活得如同自己。"

在女教师为海伦指点迷津后，她们又聊了很多东西，有关于事业的、家庭的、感情的……逐渐她们聊起了梦想，聊起了文学。海伦逐渐从学校的种种问题中脱离出来，所有的烦恼好像都没了，女教师也答应海伦有空就去她的学校做客。

海伦回来后，将女教师对她说的话仔细想了想。每个人都有烦恼，孩子们难道就没有吗？整日困着他们坐在教室里，就是最好的教育模式吗？一周又过去了，还能在这里继续上课的孩子已经很少。

海伦被眼前的问题困扰得没有出路，夜不能寐，思考着所有的问题。她首先想到的是让孩子们充分发挥自己的兴趣爱好，创建一个有特色的学校。海伦把想法告诉了父母，父母觉得很不错。海伦在学校内部召开了一次会议，将想法告诉了大家，同时也将初步的规划跟大家一一说明，有人反对，有人支持，但是大家愿意相信海伦，所以这座特色学校就这样开办起来了。刚开始，很多家长都抱着尝试的心态把孩子送来这里，很快孩子们都培养了自己的兴趣，还从学校养成了良好的习惯。家长们非常欣慰孩子们的表现，就这样一传十，十传百，很多人都知道了海伦的学校，越来越多的家长把孩子送到了这里。

02 / 女权运动的先锋

在当时的社会，对女性充满着歧视，不公平对待女性的事件随处可见，但很多女性在这种情况下选择了缄默。

海伦有一位几乎是无话不谈的女性朋友，满腹诗书，可是她的丈夫总是反对她去做任何抛头露面的事情，她不得不整日面对厨房与餐桌。可怜的她只能从海伦这里了解世界，海伦成了她昏暗生活中唯一的灯，那根救命稻草。她们谈论文学等话题时，有时会碰到朋友的丈夫回来。每当这个时候，朋友的笑容就会戛然而止，语气也变得怯懦，并立即转移话题，谈论一些生活琐事，她的尴尬深深刻在海伦的眼中。

有一次，海伦将当时知名作家的作品带给她的女性朋友。正准备将书递给她时，朋友的丈夫就回来了。海伦来不及将书藏起来，本能的反应使她"噌"地站了起来，书"砰"的落到了地上。早已对海伦不满的朋友的丈夫径直走了过来，拿起书，轻瞥一下，压着嗓子说："海伦小姐，我的妻子怕是没时间品读这样的读物。"接着转过头对着妻子说："你要是想看书，可以告诉我，我可以买给你，不必每次都麻烦海伦小姐。"海伦无奈地离开了朋友的家。

之后，海伦了解到，在澳大利亚有很多年轻女性，在父母、丈夫，或者社会环境的压迫下，只能放下尊严，如同行尸走肉般地度过每一天。面对这些情况，海伦决定做一些事情来改变这些现状，她要用自己的实际行动，来告诉这个世界："女性也是正常人，都是这个社会的主人，凭借自己的努力，我们一样能够做出伟大的事情！"

于是，她举起人权大旗，向政府、向社会、向国家争取女性该有的独立与尊严。她跟党派辩论，跟政府交涉，更多的女性开始与海伦一起奋斗，一起为女性的地位而抗争。于是越来越多的人参加到这项运动中，无论是女性还是男性，都被海伦的坚定打动；无论老人还是孩童，都被海伦的信心感染。他们站了起来，为女人发声，为女儿、为妻子、为母亲能拥有平等的权利，享受同样的社会地位，从事同样的工作，享受同样的待遇而努力。

1891年，她积极参与了为妇女争得选举权的运动，并担任了扩大妇女参政权利联盟的副主席。这之后，她一直在为女性赢得公平而斗争。她慷慨激昂地发表演说，抨击社会上对女性的偏见，她以笔为武器，同那些持反对意见的人进行斗争。

1894 年，她亲眼见证了一个重大历史时刻：南澳大利亚议会历史性地通过了给予妇女选举权的法案。

1909 年，已经 84 岁高龄的海伦组成了无党派妇女政治联盟，后来该组织改名为南澳妇女选民联盟。越来越多的女性群体加入这个联盟，为自己的权利进行斗争。

03 / 文字世界的"女王"

爱好文学的海伦脑海里经常想起那些鼎鼎大名的作家们的作品，感叹他们的文字对后人的思想产生的重要影响。

有一天，海伦突然想到，"难道我不可以写一些东西吗？"她拿起一支笔，就像是拿起一件战斗的武器，她要讨伐的敌人，就是这个社会存在的种种对妇女、对儿童不平等对待的政策和思想。

写好一篇文章后，她兴高采烈地去当地一家很有名的杂志社投稿。一路上，她的心情无比激动，她认为如果受到主编赏识，一定会帮助她就此打开文学世界的大门。然而，接待员却告诉她："不好意思，女士，我们杂志目前只收取男士写的文章，如果你真的想要投稿，就必须去找我们的主编先生进行洽谈。"她听后立刻问主编的办公室在哪里，但是接待员却以现在是上班时间，主编不会见外人拒绝了她。

回家后，她的心情又跌入低谷，她愤愤不平地在心里想："明明就是因为我是女的才不让我见主编，还说什么上班时间不予接待。哎！为什么这个社会男女之间这么不平等？女士既不能看自己想看的文章，也不能写文章发表自己内心的言论，真是太可恶了。"

"可我是一个普通人，又能有什么办法呢？也许，我真的和文学世界无缘吧！"就这样，海伦心中第一次创作文学作品的热情之火被无情地浇灭。

有一次，海伦应邻居一位女士的邀请去她家里帮忙做衣服。很快，衣服做好了。女士穿上新衣服到镜子前面欣赏，非常满意。她开心地握住海伦的手说道："真的太感谢你来帮我的忙，我非常喜欢这件衣服。"海伦微笑地说道："不用谢，我就是帮你打打下手。这件衣服你穿着特别美。"这个时候，邻居女士的丈夫回到了家。女士连忙走到丈夫面前向他展示自己的这件新衣服，并且告诉他海伦帮了她很多忙。

离开的时候，男主人在门口送别她。男主人心情很好，在门口与海伦聊了起来。他高兴地说道："海伦女士，真的特别感谢你帮助我的夫人，为她做出这么合适漂亮的衣服，解决了我们的燃眉之急。要知道，我们这次出席的晚会真的很重要，到场的都是我们杂志社的大人物。"

海伦听到"杂志社"三个字，立刻激动起来，她问道："先生，你是在杂志社工作吗？"

"嗯，我们杂志的销量还算可以。对了，我都还没有介绍过我自己，我是这家杂志社的主编。"

海伦高兴得几乎都要跳起来，她思索着到底要不要求助于他，他会不会帮助自己？经过一番思想斗争，海伦顾虑不了那么多，还是将自己想要投稿的愿望告诉了这位主编。没想到这位主编竟然没有反对她的这个想法，而是鼓励她："你想写什么就写，只要内容好，我们就一定会刊登在杂志上。"主编的话给了海伦莫大的鼓励，她暗暗决定一定要把握好这次机会。

回到家中，海伦的心情久久难以平静，她没有想到机缘巧合之下自己就真的得到了一个机会，来实现自己文学创作的梦想。即便现在她还没有进行创作，但是那粒种子已经开始萌芽了。

"我的处女作要写一个怎样的故事呢？"海伦思来想去，最后将目光投射到自己学校里日夜辛劳工作的女性，她决定以这所学校为蓝本，所有的工作人员都是原型，有了目标之后，她很快就写完了稿子。

她小心翼翼地把稿子交给主编。他接过稿子认真地看了起来。海伦的心都要提到嗓子眼了，就怕主编告诉她："你这篇稿子不行，你以后还是别做这些自己不擅长的事了。"

没想到主编一开口，却是对海伦的赞扬："你这篇文章写得真是太好了。海伦女士，你系统地学习过写作吗？"

海伦摇摇头，说道："没有，我只是以前喜欢看书，也想自己写些什么，可是一直都没有机会，自己也写了很多，没有人帮我发表，现在我觉得我应该把自己内心的想法写出来。"

主编大为赞赏，立刻赶去杂志社，要求他们务必在这期周刊上留一个版面，刊登海伦的这篇文章。主编已经迫不及待，想要让更多的人看到海伦的文学天赋和非凡的创造力。

果不其然，这一期的杂志大卖。大家都很喜欢海伦写的文章，街头巷尾无不对这个初出茅庐的作者议论纷纷。主编趁热打铁，在杂志上为海伦开辟了一个专栏，让她将关于女权斗争的故事写成一个系列，受到了很多人的喜爱，尤其是女性读者，她们纷纷来信对她表示感谢和崇拜。

海伦就这样开始了文学世界里的"征战"，她的作品由最初的不知名，逐渐变得广为人知。

1854 年，她根据澳大利亚一个矿场的故事创作了一部小说《克拉拉·莫里森：南澳州淘金时代的故事》（简译为《克拉拉·莫里森》）。这是澳大利亚的第一部女性小说，讲述的是一位英国中产阶级家庭出身的姑娘克拉拉·莫里森到澳大利亚独立谋生的故事。小说反映了澳大利亚当时的淘金热，描写了当时澳大利亚的年轻女性所经历的生活坎坷和感情考验。作品通过塑造故事中的女性人物，表现了当时澳大利亚女性的三种不同的婚恋观，反映了海伦对爱情与婚姻的独特思考。这部小说出版后，受到很多著名书评人的赞赏。当地有名的报纸纷纷载文，将海伦誉为"描写澳大利亚本土特色故事最有能力的作家"。这部小说至今仍在再版，在当下新的历史语境中，仍能引起很多读者的强烈共鸣。

就这样，海伦发表的文章越来越多，她在自己的文章中反映的女性问题引起越来越多人的共鸣，并受到广泛的讨论和重视。她最初建立的那所学校，也加入了大量受她感染的女性，学生也大幅度增加。创作初期，海伦只是表达了自己对女性不公正待遇的不满，而后，她开始为维护女性和儿童的权益奔走。她善于纪实，正是这个长处，让这个城市开始重视儿童教育发展问题、儿童福利问题。就在海伦创作的那几年，有更多的女性走向了她们最向往的工作岗位，女性就业率提高了很多。那几年也是适龄儿童上学率特别高的几年。

海伦真正做到了以笔为刀，杀出了一个黎明，当之无愧地成为澳大利亚文学世界里的"女王"。她带领着更多的女性走向文学，也感染了正在努力挣扎的女性创作者，年轻的女性文学者层出不穷。

04 / 她有一对天使的翅膀

一个阳光明媚的下午，海伦坐在书桌旁，进行着当天的创作。

一封读者的来信深深地吸引了她。信上是这样写的："亲爱的作者阿姨，我是你的忠实小粉丝，你写的所有文章我都看过，我非常喜欢你的作品，我也经常会读给我的弟弟妹妹们听，他们听了都很高兴，可是我们再也不能看到你写的作品了，希望你继续努力，写出更多更加优秀的作品。"

海伦很奇怪这个小女孩为什么说她再也看不到自己的

文章？她按照信封上的地址，找到小女孩住所。当她进入女孩所住的院子的那一刻，她惊呆了。

没想到，这座城市还会有这么破败的地方，院子里有十几户人家，她一家家看过去，发现很多人家的窗户上没有玻璃，只是用纸糊着，勉强挡挡风吹而已。

这时，她看见一群在地上玩耍的小孩子，她拿着信封半蹲下来，友好地对他们问道："你们好，有谁知道这个姑娘住在哪里吗？"

大家的目光全都转向其中一个看起来大一点的女孩。她穿着旧衣服，但是眼睛却炯炯有神，散发出光芒，她怯生生地回答："我就是，你是谁啊？"

海伦没有直接回答她，而是举起那封信。女孩看了一眼，瞬间明白了眼前这位女士，正是她心中最尊敬的女作家——海伦·斯彭斯。

"我看了你的信，为什么你说你们以后都看不到我写的文章了呢？"

女孩有些沮丧地看着海伦，慢慢回答："亲爱的阿姨，我们真的很喜欢你的作品，可是我即将被我的父母送到工厂工作，就没有时间看你的书了，即使能偶尔看，我也不能给我的弟弟妹妹们讲了。"

听完她的回答，海伦心中有种说不出的感觉。她摸着这个最多也就是 10 岁的女孩的脑袋，亲切地问道："你就不想去上学吗？"

这一问，女孩抱着她开始号啕大哭，边哭边说道："我想上学，可是爸爸妈妈还得养活弟弟妹妹们。我已经会认字、写字了，爸爸妈妈说这就够了，不用再上学了，只能离开学校去工作。如果没有稳定的收入，弟弟妹妹们就不能跟别的小朋友一起去上学了，会连字都不认识的。"

海伦紧紧抱着她，告诉她："美丽的小姑娘，你不要伤心，也不用担心，我一定会尽力帮助你的。让你继续完成学业，你的弟弟妹妹们也会有学可上的。"

离开这里，海伦召集学校的所有管理人员，还有自己杂志社的所有朋友，对他们讲述了这个女孩的悲惨遭遇，大家都一阵唏嘘。

一名老师对海伦说道："这样的孩子在社会上有很多，早早的就不能接受教育，被迫辍学去务工。"

海伦看着大家，平静地说出自己心中酝酿的想法："大家听我说，我决定成立一个关爱孩子们的志愿者协会，来帮助这些孩子接受应有的教育，你们同意吗？"看着大家全都异口同声地答应，海伦便开始跟他们一起行动起来，她拿出自己的稿费和学校效益的一部分作为启动资金，在一座教堂找了几间房子，作为协会的基地。半个月后，她找到那个女孩，告诉她以后可以免费来自己的学校上学，她的弟弟妹妹们到了上学的年龄，也可以来这里，这里还会提供免费的餐食。女孩听后高兴得跳了起来。

这个小女孩只是协会的第一个帮助对象，之后有越来越多的孩子来这里继续学习。海伦看着志愿协会的人越来越多，心里既高兴，又担忧。高兴的是自己终于能够帮助这些孩子们做些事情，担忧的是自己始终能力有限，帮助不了那么多的孩子。于是海伦回到家中，写下一篇文章来阐述教育的重要性，交给了杂志社主编。

很快，文章在杂志上发表，看过之后的读者都表示愿意为海伦发起的这项公益活动奉献一份力量，其中不乏社会名流和政府官员。他们找到海伦，联名创办了一个基金会，专门用来扶持贫困儿童，让他们继续接受教育。

海伦这才松了口气，但是她没有因此就停止了对孩子们的关爱。她知道，把孩子们引到学校只是教育的一部分，真正重要的是要通过读书、识字，教会他们更多的道理和生活的技能。海伦日夜伏案赶稿，创作出了一系列经典的教材，用来向孩子们宣传文化、科技、法律等诸多知识。所有接受过她的帮助的孩子们，都无比感激这个让他们看见光明，感受到温暖的天使。他们称赞海伦："她就是我们心中的天使，她有一双天使的翅膀，可以带我们一起飞翔！"

海伦在建立了一个又一个儿童志愿服务机构后，社会上越来越多的人都了解到有这么一位伟大的女性，便纷纷捐款给她设立的儿童公益基金，这使得海伦的公益事业逐渐变得强大起来。

1910 年 4 月 3 日，海伦在撰写自传时去世。然而历史记住了她，被她帮助过的人记住了她，甚至那些只是听说过她传奇经历的人们，也因为她获得了更多力量，朝着自己的梦想前进。

为了纪念这位伟大的女性，澳大利亚现行的 5 澳元纸币的正面印着亨利·帕克斯的头像，背面印着凯瑟琳·海伦·斯彭斯的肖像。

时间永远在进行自己的筛选，如同大浪淘沙，总会把闪耀的金子拍打到岸上，从而让人们明白什么才是最闪光的，就好像海伦这一生。她一直都在努力奋斗，为女性和儿童赢得尊严与争取利益。这一切都源于她内心最初的梦想，那就是让我们这个世界变得更加美好。她是一个平凡而伟大的人，在这个平凡的世界里，她努力发光发热，凭借自己不懈的努力，成为一座灯塔，为所有迷茫的人们指引光明！

澳大利亚华人的守护者

——梅光达

100 多年前的澳大利亚，活跃着一位终生为华侨争取尊严的斗士，他的名字叫梅光达。

梅光达（1850—1903 年），1850 年（清道光三十年）出生在中国广东新宁县端芬乡（今台山市端芬镇山底管理区），9 岁时随叔父来到澳大利亚新南威尔士州的阿拉顿矿区，在一家英格兰人办的杂货店当杂工，后成为一对英格兰人夫妇的养子。梅光达成年后为这对夫妇当翻译，管理矿山，还成为养父母公司的股东。1882 年，他开设了进口商行和百货公司，积极从事澳中贸易。梅光达组织了大量保护在澳华侨权益的活动，成为一名反抗种族歧视的斗士，并成为澳大利亚华人事实上的总代表。1903 年 2 月，由澳大利亚总理爱德蒙特·巴顿及省长、市长、议员 24 人联名签署证书，证明梅光达在澳大利亚社会及华侨团体中的声望，确认他作为华侨代表的地位。同时，驻澳大利亚的法、德、美、俄、日等 20 多国的使节也签署证书，承认他为事实上的中国总领事，凡是与中国政府和华侨有关的各项事务，都主动与他商议并要求帮助解决。当年的中国清朝政府也曾封赏梅光达"军功四品"，任命他为中国驻澳大利亚领事馆第一任领事。不过可惜的是，领事馆尚未成立，梅光达已英年早逝。

01 / *9岁远赴澳大利亚当杂工*

1850年（清道光三十年），中国广东新宁县端芬乡一户梅姓人家，主人梅扩远在位于山脚下的废墟里开了一间小店，凭借着自己早年间学得的加工本地传统工艺装饰品的技术，艰难地维持着一家人的生计。

就在这一年，梅扩远迎来了一个儿子，这本应该是高兴的事情，可是他心情却怎么也不能好起来。看着自己破败的家庭，望着这个呱呱落地的小婴孩，不禁重重地叹了口气。他对自己的妻子感慨道："孩儿他娘，来了一个儿子，这样下去，我们的日子不好过啊。"

妻子是一个坚强的女人，明白丈夫的不容易，安慰道："我知道你一个人辛苦操劳不容易，可这孩子终究是我们的骨肉，希望他长大后可以光耀门楣，能够发达，这样，你也就不用再辛苦了。"

梅扩远没有再叹气，用自己长满老茧的大手，轻轻地抚摸着这个孩子，说道："既然我们都对他抱有期望，那我们就叫他梅光达吧，希望他日后真能光耀门楣，能够发达。"

说完，梅扩远转身离开走进自己的工作间，继续辛苦地劳作。在这个朴素、善良的男人心里，今天多打一个装饰品，就意味着自己的孩子们可以多吃一口饭，可以朝着自己的期望更迈进一步。

时光流转，9年间，这个被父母寄予深厚期望的孩子，慢慢长成了一个可爱的儿童，只是因为长期吃不饱饭而显得面黄肌瘦。

不过，小小少年并未抱怨过父母一句，看着在工作间辛勤工作的父亲，已经懂事的他心里总有种说不出的感觉，但他还太小，不懂自己内心的想法，只是知道每天要去帮助父亲。

母亲看着这一幕，轻声叹着气，不知道这样的日子还要持续多久。

有一天，梅扩远的弟弟来到家里，对他说："兄弟啊，我现在有一个办法能够减轻你们家里的负担，你要不要听听？"叔父是一个莽撞但很有头脑的男人。

听到弟弟的叫喊，梅扩远连忙放下手中的活儿，顾不得擦手就冲了出来，眼神真切地问道："你刚才说有办法帮我们解决负担，是真的吗？"

叔父微笑着点头："当然是真的了，兄长，我现在有一个机会可以带人去海外工作，那边工作轻松，但是工资高，你有没有兴趣啊？"

梅扩远这个常年埋头在自家小作坊里劳作的男人，大半辈子从未踏出过这片土地，甚至县城都很少去过，他有些不知所措地挠挠头，说："这个我得跟孩子他妈商量一下。"

叔父拍了拍哥哥的肩膀："没事，我就把话带到这儿，很多乡亲都来报名跟我走，明天下午的船，要是你们商量好了，想去就收拾好行李，明天我们在巷子口集合。"

弟弟走后，梅扩远也没了心思干活，回到家里，把孩子们都叫到了跟前，宣布自己要去海外务工这个消息。他的话一出口，妻子就涌出了泪水，孩子们全都抱住他，嘴里喊着："爸爸，爸爸，我不要你走。"这个男人从未对自己的孩子们发过脾气，此时却站起来怒喊道："我不去谁去啊？难道要一家子都饿死吗？"

站在角落里的梅光达突然说："我去，我替爸爸去。"

孩子的这句话，让父母感动不已，他们虽然不愿意，但是无可奈何。就这样，9岁的梅光达，在叔父的带领下，跟着众多乡亲，还有很多不认识的陌生人，远渡重洋来到了一个陌生的地方。

那里是澳大利亚新南威尔士州的阿拉顿矿区，同行的乡亲进入各个矿场做工，9岁的梅光达经叔父联系，前往英格兰人汤姆士·福斯特的杂货店当杂工。

02 ╱ 在黑暗中企盼一丝光明

"叔叔，为什么他们身上的肤色跟我们不一样？"梅光达指着一个白人问。

"你可不能指人家。"一旁的叔父立刻扔掉工具，用手打了一下他举起的右手。梅光达呆呆地看着一直对他和蔼可亲的叔父，不明白他为什么突然发起了脾气。

叔父将他拉到一个没人的角落，小声对他嘱咐道："以后可千万别指他们，也别问这个问题。我跟你说，他们是白种人，是这片土地的主人。我们只是来这里给他们做工的，所以我们比他们低一头，要永远尊重他们，记住了吗？"

9岁的梅光达生平第一次知道了"尊重"二字，而且也慢慢地学会了各种各样的"尊重"，顾客们都乐意与他打交道。杂货店店主汤姆士夫妇对这个勤奋工作、认真学习又很懂礼貌的中国小孩子很有好感，便将杂货店每天记账、记日志的工作交给了他。

"这些矿工每天这么辛苦地工作，是为什么啊？"一天晚上，准备关门休息的汤姆士，突然听到了梅光达这样的疑问。

他对这个一脸好奇的孩子解释道："还能为了什么，为了赚钱啊，他们在矿区给矿场主工作，就能得到矿场主给他们的报酬，也就是钱，明白了吗？"

梅光达继续问道："那这个矿场主很有钱吗？怎么他就有钱给别人呢？"

汤姆士被这个孩子的好奇心逗得仰起头大笑了一番，然后捏了捏他的小脸说道："矿场主何止是有钱，就这个矿产，每个月都会源源不断生产并且卖出矿物，矿物是什么，就是黄金，就是钱啊！"

于是，年幼的梅光达找到了一个努力的方向，那就是向这些矿场主学习，日后依靠采矿发财致富。此后，他一有时间就学习和了解地质矿物知识。在日常工作中还努力提高与人交流的能力。

"汤姆士，我可以跟你说一个我的请求吗？"说话的是一个经常来店里买东西的夫人爱丽丝·辛普森，同汤姆士一样也是英格兰人，她的丈夫在本地经营着一家金矿，家族企业生意十分兴隆，算是本地的富裕人家。

"亲爱的女士，当然可以。能为你服务是我的荣幸。"

这位美丽、温柔且举止言谈都透着贵族气质的女人指着一旁正在打扫地板的梅光达："我非常喜欢你家店里的这个孩子，他十分勤劳刻苦，而且我经常看到他问别人关于矿区的问题，他一定是一个聪明好学的孩子。我希望能够收养他，并且我已经征得我丈夫的同意，他也很欣赏这个优秀的中国孩子。"

店主汤姆士连忙叫来梅光达，高兴地对他说："孩子啊，你以后可以不用再在这里打扫卫生。这位善良、美丽的女士，希望可以收养你，你同意吗？"

梅光达看着这个熟悉的夫人，他知道她的丈夫是这一带很有名气的金矿矿主，他没有想到自己竟然能够有这样的机会。

他高兴地对着这个女士鞠了一躬，然后对她说："亲爱的夫人，我当然同意。但是我有一个要求，希望您能答应我。"

汤姆士惊讶地看着这个异常走运的孩子，心想，你这个傻孩子，还有什么要求，答应了不就行了，真是傻。

可是爱丽丝夫人却微笑地点着头说："孩子你说吧，只要是我能做到的，我都会尽力为你做到。"

梅光达解释道："不是的，夫人，我不是要你做什么，而是我希望能够把这个消息告诉我的叔父，我是他从家乡带到这里的，所以我得征求他的意见。"

爱丽丝越发笑得厉害，双手温柔地抚摸着这个孩子，激动地赞叹道："你真是一个懂事的好孩子。你去吧，我就在这里等你。"

梅光达来到矿上，跟叔父说了爱丽丝夫人的想法，叔父激动地紧紧抱住他，高兴地说："光达啊，你真是太幸运了，我当然答应你做他们的孩子。但是记住，永远不要忘记你是中国人的儿子，不要忘记你的亲生父母。以后一定要回家看望他们啊！"

梅光达握紧拳头，眼眶里早已满是泪水。他向叔父承诺道："放心吧，叔父，不论我以后在哪里，不论我以后会成为什么，我永远都会记得我是一个中国人，我也一定会回家去看望他们的！"

就这样，梅光达被爱丽丝带回了家。

03 / 事业与爱情双丰收

在刚进入这个家庭时，梅光达对很多事情都感到好奇。为什么在这个家里，吃饭必须要用刀叉，而不是筷子？为什么养母爱丽丝每天吃饭前都要对一个他不认识的画像祷告？梅光达努力去适应这些，而友好善良的养母爱丽丝，也悉心帮助他，告诉他画像中的是耶稣，是她和许多人都信赖的神。

"为什么我们管这个看上去是凡人的人叫神呢？"梅光达十分好奇地指着养母脖子上挂着的十字架问道。在他的印象里，中国的一些神话传说中的神都是可以上天入地、腾云驾雾，甚至可以掌管人类生命和命运的神仙。

养母把他的小手拉到自己的十字架上，温柔地对他说道："耶稣虽然是一个凡人，但是他特别善良、仁慈，愿意为了人们的幸福生活做出很多努力，甚至于失去了自己的生命。所以，我们把这个伟大的人作为我们的神，祈祷他可以给我们力量，和他一样去面对人生的苦难。"

说完，爱丽丝夫人用充满母爱的眼神看着这个眼中满是憧憬的孩子，她的心中有了一个想法，那就是把这个孩子从小就培养成一个忠诚的基督教徒，等他长大以后，就一定会成为一个善良的人。因此，她开始给他讲述很多耶稣的传奇故事，当讲到耶稣被犹大出卖，最终被钉死在十字架上时，梅光达一边为犹大的不忠而咬牙切齿，另一边又为耶稣的死去而热泪盈眶。

　　时间一天天地过去，梅光达慢慢长成一个小伙子。在他成长的路上，一直接受严格的西方教育。他这才发现，自己以前对这个世界的了解是多么肤浅。家里有一个藏书室，一有时间，他就待在里面一直看书，汲取知识。他感叹书里面描绘的事情是那么神奇，并且对这些事情产生了向往。

　　梅光达在养母爱丽丝的感召下，也成了一名基督教徒，他戴着养母买给他的十字架，十分熟练地背诵《圣经》，家里每次吃饭前的祷告，也改由梅光达来带领。

　　养父的生意越做越大，由以前的一家金矿，发展成了好几家，雇用了越来越多的华人矿工，于是急需一个精通中文和英语，可以与自己沟通的人。他将目光投向自己的养子。他欣喜地发现，养子真的很有出息，不仅精通中英两种语言，而且还热爱矿场工作，对自己更是那么忠诚。于是，他便将与华人矿工联系沟通的工作交给了梅光达。

　　梅光达就此开始正式担任矿场的翻译。在担任翻译的同时，他利用自己所学的地质学知识，成功地发现了好几处矿脉，为养父的矿产生意带来很多利益。养父十分高兴，便把所赚利益的一部分奖励给他。有着精明头脑的梅光达没有接受，而是提出把这些钱换成矿场的股份。养父很赞赏他的生意头脑，同意了他的请求。从此，梅光达除了是一名翻译，还是矿场的股东之一。

梅光达在担任矿场翻译的时候，经常把华人矿工的诉求反映给矿场主，积极协调他们之间的矛盾。在成为矿场的股东之后，他更加注重改善华人矿工的生活状况，得到了他们的一致认可和爱戴。

21岁这一年，对于梅光达是极有意义的一年。他在养父母的邀请下，加入了澳大利亚国籍，成为澳大利亚的正式公民。这标志着他在澳大利亚拥有了和其他白种人一样的权利。他激动地找到叔父，告诉他这个激动人心的消息。叔父还是那句话："要记住……"可是没等他说完，梅光达就严肃地打断了他，说道："我知道的，叔父，我永远是一个中国人，不论我做什么，成为什么身份，我永远是中国人的儿子。"

梅光达继续做自己的翻译。在这期间，自己负责的华人矿工无论出现了什么困难，他都会为他们积极争取合理要求，以便能够改善他们生活条件。他始终铭记，这些华工是和他一样有着相同肤色的同胞，要关照他们。因此，梅光达不仅和华人矿工们成了朋友，成为华人矿工们信赖的人，私下里他们都叫他"大人物"。

1877 年，养父因病去世，养母爱丽丝因为不愿触景生情，计划前往澳大利亚北部发展。她将自己这一想法告诉给了梅光达，希望他能跟自己同行。但是梅光达对这片自己最早踏入的土地，已经有了深厚的感情，并且他擅长的，就是管理矿场。因此，他向养母表示，他更想留在这里实现自己最初的梦想：采矿发财致富。

他从此更加努力，用自己以前积累起来的知识，找到养父麾下非常有经验的老矿工，跟随自己去开发更多的矿场。把辛苦挣到的钱都积攒起来。他在心里不断地告诉自己：要为实现自己的梦想而努力！

1882 年，梅光达已经拥有了大量资金，也不再满足继续经营自己擅长的矿区生意，转而去投资商业。他从古代中国的丝绸之路得到灵感，一方面开设进口商行和百货公司，从中国大量输入丝绸以及茶叶，开展中国和澳大利亚的贸易往来。另一方面，他认为中国的饮食是世界一流的，会赢得澳大利亚人民的喜爱，便尝试开了一家中式酒楼，果然来品尝中国美食的人络绎不绝，生意十分红火。于是，他陆续开设了多家酒楼、茶楼，并组建了"光达茶叶有限公司"。矿场和商业贸易的成功，为梅光达积累了相当多的财富，使他成为当地首屈一指的富商。

在一个阳光明媚的午后，梅光达在自家的酒楼里邂逅了一位美丽的英格兰女教师——玛格丽特。玛格丽特的知性和学识，很快就吸引了已经 36 岁的梅光达，而玛格丽特的温柔和善良也让梅光达特别欣赏。在此之前，他从未有过这种心跳加速的感觉。于是，他开始追求这位美丽的女教师，玛格丽特也被这个聪明、善良，有能力的中国男人打动。当玛格丽特将梅光达带到自己家里的时候，他们之间的感情不被任何人看好，她的父母严肃地表明他们的态度："你们之间是不可能的！"但是，这一切都没有打破两个想要在一起的人的坚定决心。玛格丽特不顾家人的强烈反对，嫁给了梅光达。

至此，梅光达终于迎来了爱情与事业的双丰收，爱情让他感受到了这个世界上最温暖、最让人感动的事情；事

业的进步，让他成为一个受人尊敬的人，也让他有更多的
机会去帮助自己的同胞。

04 ╱ "我是中国人的儿子"

1872 年，梅光达回中国探望自己的父母，并在中国寻
找代理商。当他衣着光鲜地站在已经年迈的父母面前时，
他们不敢相信，眼前这个成功的男人，竟然是自己多年未
见的儿子。

"爸，妈，我是光达啊！"听到孩子这么叫他们，两位
老人紧紧地抱住他，失声痛哭起来。

"孩子，让我好好看看你"，母亲用自己的双手捧着他
的脸，看了一遍又一遍。梅光达抚摸着母亲双手上粗厚的
老茧，看到她脸上深深的皱纹，也看到父亲已经全白的头
发和佝偻的身体，眼含泪水地说："你们辛苦了！"

和父母生活了几天后，梅光达又不得不赶回澳大利亚。

他也想留在中国陪父母一起生活，但是，在千里外的那片土地上，还有千千万万个像自己父母那样的人在辛劳地讨生活。他必须去帮助他们，而父母这次没有伤心，而是支持他去做这些善事，并且对他说："我们为你而骄傲。"

1888年，一艘运载80多名华人的轮船到达悉尼港。大多数人都有完税的凭证，即使按禁止令也应允许登岸。但是悉尼地方官员借口个别凭证是冒名顶替而加以阻止。随后又有3艘轮船到港,同样也被禁止登岸。"数百人久留船中，进退维谷，凄惨之情，难以言状。"

梅光达得知这个消息后，非常气愤。20多年前，自己的叔父在矿场受到当地人的不公正待遇。现在，居然连华人进入这里的权利都不给，真的是太可恶了。

他开车来到码头，眼前的一幕更是让他心痛不已。数百人因为一直滞留在船中，面色苍白，有的人已经晕倒不知道多长时间。他无比难过,暗暗发誓一定要让同胞们上岸。

于是，他四处奔波，联合其他的华侨领袖一起找当地的官员，却得不到合理的答复。梅光达旋即通过其他方式向有关部门投诉。很幸运,这次事件最终得到了合理的解决，同胞们在自己的努力下，得以进入澳大利亚这片土地。

一方面，越来越多的华侨得到梅光达的帮助，都对他感激不尽，大家推选他做华侨的领袖。另一方面，梅光达受到当地人的大量非议，更有人在他的酒楼里闹事，说他损害了澳大利亚公民的利益，要求政府开除他的国籍。

每当遇到这些事情，妻子玛格丽特总是在背后默默支持他。她告诉梅光达："我相信你做的所有决定都是出于你的爱心和正义，我支持你，因为你做的这一切都不辜负你曾经是一个中国人。"

这时，梅光达总会握住玛格丽特的双手，充满爱意地感谢："我相信你会支持我，无论如何，我都要继续为和我一样的华人侨民争取最大利益。"

有了妻子的大力支持和始终坚定的"我是中国人的儿子，就应该为自己的同胞争取利益和尊严"的信念，梅光达做出了更多的努力。

有一次，一位华人妇女带着孩子从中国搭乘轮船来到悉尼，准备在这里搭船去另一个岛与自己多年未见的丈夫团聚。但是她丈夫所在的岛有"严禁华人入岛"的法令。因此，她们便被滞留在悉尼，所带现金全部花光后，陷入了前所未有的困境。梅光达听说了这件事，连忙前往她们所在的地方探望，并出钱让她们先安顿下来。

这位华人妇女领着孩子热泪盈眶地对梅光达表示感谢。她恳求梅光达能够帮助她和自己的丈夫团聚，梅光达看着母子俩孤苦伶仃，无依无靠，便答应了她们的请求。

但是，要实现这个请求是很困难的。虽然梅光达已经涉足政坛，但仅仅是在自己生活的地方。

几天后，恰逢这位华人妇女的丈夫所在岛的一位官员因为工作原因经过悉尼，梅光达便立即前往其所住的宾馆反映这对母子的情况。他向这位官员讲述了这对母子的遭遇，得到了他的同情。在这位官员的安排下，母子俩最终得以和亲人团聚。

在梅光达心里，华人同胞的困难就是自己的困难，是无论如何也一定要尽力去解决的。当别人感谢他时，他总是摇摇头，对他们说："我是中国人的儿子，这一切都是我应该做的。"

评价一个人是否成功，从来都不是看他拥有多少金钱和权利，而是在他拥有了这些名利之后，不被它们蒙蔽双眼，始终听从内心的声音，跟随最初的梦想。还有最重要的一点，就是要不忘本，始终牢记自己从哪里来，在自己走出困境后，要帮助那片土地上的人们。

05 / 一生为公正而斗争

梅光达在取得事业上的成就以后，依旧心系慈善事业，时常向学校、教会、福利院捐款，而这一切都为他赢得了人们的尊敬和爱戴。1883 年，贝尔司城公立学校鉴于他的声望和他对当地慈善事业的热心捐助，任命他为学校董事，梅光达成为澳大利亚历史上首位出任此职的华人。不久，他又受聘出任新南威尔士州调查委员会委员，这是华侨在澳大利亚政务上获得重视的开始。

随着华工人数的增多，白人的不满情绪日渐增多，一些当地政府官员开始提出限制华人移民的建议，助长了当地人的排华气焰。1888 年，澳大利亚流行一句话："澳大利亚人的澳大利亚"，这代表着"白澳"政策在澳大利亚流行。自此，中国向澳大利亚移民越来越难，华侨在澳大利亚的生存环境也日益恶劣。

面对这些政策和当地人对华人的不尊重，梅光达很是愤怒，他帮助华人矿工同排华势力进行斗争，并向清政府反映澳大利亚华侨的问题，提出护侨建议，为反对种族歧视政策、维护华侨利益尽心尽力。一方面，梅光达呼吁清政府交涉，因为根据 1860 年签订的《北京条约》，澳大利亚作为英国的殖民地，也应该按照条约内容接受华人登岸并且放行，然而现状却是澳大利亚官方仍然限制华工进入；另一方面，梅光达开始呼吁清政府在澳大利亚设立领事馆，保护在澳大利亚工作的华侨利益。带着妻子和孩子回乡探亲的时候，他曾经专门带着礼物去拜访了中国官员，恳求他们在澳大利亚建立领事馆，保护华人侨胞的利益。但是由于清政府的腐败无能，直到梅光达去世，中国也未能在澳大利亚设立领事馆。

1902 年的一天，梅光达去看望友人，他拒绝司机开车送他，选择步行前往，以示自己对友人的尊敬。没想到在返家的途中，他在街上遭人袭击。歹徒只从他身上只拿走了几英镑，很显然并不是为了抢劫财物，人们怀疑这是竞争对手对梅光达的恐吓。但是梅光达并不理会，只是告诉大家，他遭遇了一次普通的抢劫。

晚年的梅光达，由于行动不便，不再出席公益活动，而是让他的儿女们代表自己出席，并且捐款。梅光达将全部财产都给了儿女们，但前提是，他们每年必须把财产的一部分捐给公益事业，去帮助更多需要帮助的人。

梅光达不止一次告诉儿女们："我是一个中国人的儿子，你们是我的孩子，所以你们也算是中国人的后代。要记住，我们中国人拥有很多传统美德，你们都要学习。如果有一天我去世了，你们要积极帮助生活在我们这里的华人侨胞，我们是他们在这个地方的亲人。"

不仅如此，他还鼓励子女们学习中国文化知识。他始终认为，虽然自己是来到澳大利亚才有了人生的转变，走向一条光明大道，但是归根结底，使他有今天成就的最主要原因，在于他继承了中华民族谦逊、勤劳的优良传统美德，否则他永远不可能有今天的成就。梅光达是一个懂得感恩的人，他与养母始终都保持很好的关系。每年都会带着全家人去看望养母，告诉她这一年自己做了什么。后来，养母去世，他为其举行了隆重的葬礼，并在墓碑前失声痛哭，缅怀这个改变了他一生的伟大女人。

1903 年，梅光达因病去世，享年 53 岁。在他出殡当天，3000 多名华人同胞和当地敬仰他的市民自发地为他送行。在他们的心中，梅光达不仅是一位事业有成的企业家，也是一位社会活动家，更是一位反抗种族歧视的斗士。澳大利亚的报刊也载文称赞他是出生在中国的杰出儿子，是继承了中国人的勤劳、智慧与才干的伟大华人同胞领袖。

澳大利亚名流罗伯逊公开发表过对梅光达的称赞："梅光达是一个伟大的人，他虽然身处一个种族歧视严重的年代，但是他仍然能够凭借自己的勤奋、智慧和活力在当时的社会中赢得了最高荣誉。"

澳大利亚政府将所有载有梅光达事迹的报刊、书籍保存在澳大利亚图书馆中，还将他的生平事迹载入《澳大利亚名人大辞典》《澳大利亚百科全书》，并出版了《梅光达传》，让梅光达这个名字永远留在澳大利亚的历史上。

作为悉尼最著名的"天人"，梅光达展品一直在悉尼博物馆展出。悉尼博物馆经理泰福尔说，当时梅光达先生担当了大使一样的职责，在新州立法会和华人社区之间斡旋。他是两种文化之间的桥梁，并且尽职尽责地完成了这样的任务。

澳大利亚著名的诗人亨利·柏克斯为梅光达写下了这样的诗句：

> 啊！梅光达，
>
> 慷慨正直，
>
> 你是
>
> 世界上心灵最高尚的人，
>
> 充满爱心与仁慈。
>
> 你用一颗燃烧着爱的心，
>
> 去温暖无依无靠的生灵。

是的，梅光达是那个动荡岁月里每一个在澳大利亚寻求生存之路的华人的精神寄托，是那个充满歧视和偏见的时代里人性光辉和生活光明的守护者！

工程师和总司令

——约翰·莫纳什

约翰·莫纳什（1865—1931年），澳大利亚土木工程师，杰出的军事将领，第一次世界大战中的澳新军团司令，大英帝国陆军上将，澳大利亚的传奇英雄人物。莫纳什出生在澳大利亚的西澳州，父母是德国、波兰裔犹太人，从小就接受了良好的教育。他从墨尔本的圣斯蒂芬英国教会学校毕业后，于1877年进入著名的苏格兰贵族学院，16岁时考入墨尔本大学。莫纳什毕业后分别获得工程、艺术和法律学位，后成为一名土木工程师，曾负责设计过一些著名的桥梁。莫纳什还是澳大利亚最早使用钢筋混凝土构件的工程师。第一次世界大战期间，莫纳什先后任旅长、师长，1918年担任澳新军团司令，受命指挥澳大利亚与新西兰的全部参战部队。战后，莫纳什继续从事工程建设，1929年被澳大利亚工程院授予最高荣誉。为了纪念这位学者、实业家和战士，1958年澳大利亚国会决定设立莫纳什大学。

01 / 寻找生命中的那一份真

生命的价值，就是在每一天都孜孜不倦地为追逐自己的梦想而努力。只有一个认真生活的人才能拥有坚定的梦想，并且不断地朝着自己生命中的这一份真勇往直前。

1865 年 6 月 27 日，澳大利亚墨尔本的一对德国、波兰裔犹太人夫妇，有了一个新出生的孩子，他们给这个孩子取名为约翰·莫纳什。

犹太人家族十分重视对子女后代的教育，这对夫妻也是如此。在约翰·莫纳什小的时候，父母就对他进行严格的家庭教育。

"约翰，你怎么不出来和我们玩呢？"隔壁家的小孩带领着一群小伙伴，来到约翰家约他一起玩。

正在看书的约翰·莫纳什，突然被这一声呼唤打断了思绪。他来到窗户边上，对着院子里的孩子们说道："我不去玩了，你们去吧！"

"真没劲，天天看书有什么意思，玩多有趣。"小伙伴转身离开，约翰·莫纳什毫不理会他们怎么看待自己，回到书桌边，继续在知识海洋里面遨游。

和其他孩子不同，在这个正是爱玩爱闹的年纪，小约翰·莫纳什却坐在书桌边，认真倾听着父母给他安排的家庭教师讲课，老师也非常喜欢这个聪明乖巧的孩子。

因此，老师经常会在讲完课后，再给约翰·莫纳什讲一些历史人物或者传奇故事，小约翰听得津津有味。他不禁思索，为什么他们就能创造伟大的传奇故事？而老师看他这么用心听讲，每天都乐意给他多讲一些道理。

"为什么这些伟人能够成功呢？"这一天，听完老师的故事后，他联想到之前老师讲的所有故事，发现了一个规律：这些人之所以成为伟人，就是因为他们在某些事情上取得了成功。

老师欣慰地摸着他的小脑袋，高兴地反问道："你觉得他们是怎么成功的呢？"

约翰·莫纳什思考了一会儿，摇摇头，说不知道，然后用充满期盼的眼神看着老师，等待着他的回答。

但是老师并没有告诉他准确的答案，只是告诉他："这个问题需要你自己去探索，努力、智慧、运气等因素，都可以是一个人成功的因素，但是你要想成功，就必须靠你自己去不断寻找。"

听完老师的回答，约翰·莫纳什并没有因为没能得到一个准确答案而失望，相反地，他对老师说的让他自己去寻找答案产生了极大的兴趣。因为只有这样，他才能真正懂得成功的原因到底是什么！

约翰·莫纳什在日复一日的学习与思考中度过了快乐充实的童年。他虽然没有机会去外面和小伙伴们尽情玩耍，但是他从未感觉遗憾，因为在他小小的心里，早已经滋生出一个梦想：长大后要做一个了不起的人，正如自己视作偶像的英雄人物那样，用自己的智慧和才能，为社会和国家做出伟大的贡献。

到了入学年龄，约翰·莫纳什凭借着从小接受的良好教育和独立思考的习惯，得以进入墨尔本最负盛名的苏格兰贵族学院学习。在这个历史悠久、师资力量非常雄厚的地方，约翰·莫纳什的潜力得以最大限度地开发。他对于以后要通过怎样的努力才能做出贡献，也不再只是一个模糊的概念，而是制订了一个非常详尽的计划，那就是先考取更高学府，接受更加高级的教育，完备自己的知识体系，然后再思考自己该在哪一领域进行奋斗。

有了这个计划之后，约翰·莫纳什开始一步步朝着目标努力。他刻苦钻研课本知识，同时又善于提出问题，这些都让他的学习越来越好，最终，他以优异的成绩考入当地最高学府——墨尔本大学。

大学自由的学术氛围以及完全独立的学习模式，让本来就擅长自主学习的约翰·莫纳什如鱼得水。他主攻工程学，同时又选修艺术与法律两门学科，目的就是让自己的知识体系不至于太过狭隘。

一开始，他对知识抱有巨大的热情，他认为知识拥有一种伟大神奇的力量，可以改变他生活的世界。随着年龄的增长，他发现知识的概念太宽广了，于是开始广泛涉猎，希望学习更多的知识，那样就能对这个世界的无知减少一些，这使得他对待学习更加拥有了动力。

"约翰，我一猜你就在这里。"约翰·莫纳什的同学一边说，一边问站在高大书架旁的约翰·莫纳什，"你说咱们学工程的，读这么多文艺的书有什么意义吗？"此刻他正捧着一本艺术类的书籍看得津津有味。

听到同学这么问他，约翰·莫纳什严肃地反问："难道说艺术只是那些艺术家们才能去触碰吗？"

1893 年，约翰·莫纳什获得工程学硕士学位，两年后，他通过自己的不断努力，又相继获得艺术和法律两个硕士学位。

大学毕业后，约翰·莫纳什根据自己所学的专业，开始从事工程建造工作，成为一名地地道道的工程师，担任过负责设计墨尔本和塔斯马尼亚的一些桥梁的项目联系人。在工程建造中，约翰·莫纳什不断发展创新，成为澳大利亚最早使用钢筋混凝土构件的工程师。

通过自己不懈的努力，约翰·莫纳什在当地成为一名小有名气的工程师，他收获了财富以及同行们的佩服。但是他从不沾沾自喜，因为那个为人类做贡献的梦想还远远没有实现，他在等待一个机会的到来，他相信，早晚有一天，他会创造出辉煌的成就。

02／从工程师到澳新军团司令

人们常常会说："机会是留给有准备的人！"只有那些真正做好充分准备的人，当一个机会出现在眼前，哪怕只是流星般刹那，他们也能牢牢把握，然后取得一番成就。

约翰·莫纳什早在读书期间，就加入了预备役部队。他不但像一名真正的士兵那样严肃认真地参加训练，还经常去图书馆找军事类书籍，一边阅读，一边思考。1913年，他成为预备役部队的一名上校，并且根据自己的研究思考，编写出版了一本军队训练手册，用来使军队更加高效有力地培养优秀士兵。这本书的出版，让军队的将领们发现了这个没有任何军事背景的年轻人身上，有着军事指挥的天赋。

"约翰，真没想到，你有这么丰富的学识。"他的书出版后，周围的同学都对他竖起大拇指，称赞他是一个有本事的年轻人。

"谢谢，我就是喜欢看军事类的书罢了。"约翰·莫纳什听到别人对他的夸奖，没有骄傲。

但是这位同学话锋一转："可是我们都只是学生，真正打仗的话，你懂的这点知识也派不上用场。再说了，你也只是一个预备役部队的学员而已，何必这么认真呢？"

约翰·莫纳什听完他说的话显得有些不高兴，却没有生气，而和颜悦色地回答："我知道自己这些知识不能真正运用到战场上，但是我会更加努力地学习，至于你说的我只是一个预备役学员，不需要认真这句话，我非常不认同。当有一天战火烧到我们的家园，我们每一个热血青年都要上战场，保家卫国不只是那些现役军人的事情。"

1914年，第一次世界大战爆发了，莫纳什决定从军。他强烈地意识到，自己的机会来了。他的内心不断有一个声音在召唤着他："来吧！来吧！建功立业的时候到了。"

当他宣布这一决定时，母亲坚决反对，责问他："孩子，你现在的工作多好，战争又没有打到我们这里，为什么要放弃安定的生活，去那么残忍的地方呢？"约翰·莫纳什回答："妈妈，这次战争虽然现在还没有打到我们这里，但是要是我们每一个人都像你这么想，迟早有一天我们的家园也会被敌人占领，到那个时候别说工作，甚至会威胁到生命。"

母亲不再反驳，只是站起来一直抹着眼泪。一直沉默的父亲走了过来，拍着莫纳什的肩膀小声说道："戴维，你是一个好孩子，这场战争需要你这样的热血青年，爸爸相信你可以用自己的智慧和能力在这次战争中建功立业！"母亲急忙拉住他的手紧张地说道："孩子，我们不需要你建功立业，我们只希望你在战争结束以后，能够安全地回到我们身边。"

约翰·莫纳什激动地抱紧母亲和父亲，告诉他们："你们放心吧，我一定安全回来。"

1915年，担任澳新军团第4旅旅长的约翰·莫纳什率领1000多名官兵，斗志昂扬地来到了土耳其，参加了加利波利战役。

1915年4月25日至1916年1月9日的加利波利战役是一次规模巨大的战役，包括澳大利亚在内的协约国先后投入的兵力达到50万人，与之对抗的土耳其军人数更多。这次战役协约国伤亡21.4万人，损失惨重。

澳大利亚和新西兰军在加利波利战役中的处境更惨。他们登陆后，被丢在较低的斜坡和山脊上。将军们和列兵们都住在比邻的地下掩体里，遭到土耳其军的不断炮击。其后，他们也总是被动挨打。约翰·莫纳什意识到自己这一方处于完全失利的境地，他虽然根据战场的实际情况，当机立断地独立做出了战术调整，可是尽管如此，他依然没能改变失败的局面。8 个多月后，仅有 2 个步兵师和 1 个骑兵师的澳新军团伤亡逾 3.5 万人，其中阵亡军人 8709 人，可以说是全军覆没。约翰·莫纳什成为这次战役中唯一活下来的澳大利亚旅级指挥官。为了纪念在战争中阵亡的将士，4 月 25 日成为澳大利亚和新西兰法定的澳新军团日。

加利波利战役给了约翰·莫纳什深刻的教训。后来，他从不在意别人的非议，在战斗中总是优先考虑保护士兵们的宝贵生命，并发明了一种名为"和平渗透"的战术，即用最少的人员伤亡进攻到敌方阵地上。

1916 年，约翰·莫纳什晋升为少将师长，奉命率领澳大利亚陆军新编第 3 师前往法国作战，他指挥了数场大大小小的战斗，都取得了不俗的战绩，但是与澳新军团协同作战的英国指挥官们，却非常不满约翰·莫纳什的进攻战术。

在一次会议上，一名英国高级指挥军官指名道姓地批评约翰·莫纳什："约翰少将，这次战斗，如果不是你的军队迟迟不发动冲锋，我们这些后面的攻击部队，早就可以占领失地，我知道你最擅长的是制订详细周密的计划，可是这不代表着你就可以让你的手下贪生怕死，希望你下次指挥你的军队，不要再像乌龟一样慢慢往前移了。"

约翰·莫纳什丝毫没有恼怒，经历了这么多大大小小的战役，他的性格早已经磨炼得像一颗磐石，十分地坚定。他微笑地回答："我们在座的都是指挥官，当我们制订战术计划时，我们拿笔标在地图上的，只是一个毫不起眼的点，可是到了战场上，如果那个点出现了失误，牺牲的就会是成千上万个鲜活的生命。我们不是贪生怕死，我们只是保存有限的战斗力量，这都是为了在战争中取得真正的胜利而积攒力量，希望你能明白。还有，如果你不想我耽误你的战略部署，你大可以去申请做先头部队，我一定不会拦你。"

约翰·莫纳什的一段话，使这位英国军官心服口服，连同周围的将领也连忙点头表示同意，同时发出雷鸣般的掌声，向这名伟大的战略指挥官致敬。

1918 年，约翰·莫纳什晋升为中将，出任澳新军团司令，指挥澳大利亚与新西兰的全部参战部队，也可以说是澳新参战部队的总司令。

1918 年 7 月 4 日，约翰·莫纳什以他自创的独特战术"和平渗透"，指挥自己的军队（其中有 60 辆坦克），以最小的人员伤亡，在哈梅尔山战役中一举将德军阵地全部攻克。这次突破性的胜利，为之后的亚眠战役攻势铺平了道路。而亚眠战役是第一次世界大战中最具有决定性的战役，通过此战，协约国彻底掌握了战略主动权，德国的军事失败由此开始。8 月 12 日，约翰·莫纳什将军凭借着在战术指挥中的突出贡献被英国国王乔治五世册封为爵士。

第一次世界大战中后期，澳新军团先后参加了西线许多著名的战役，如索姆河战役、伊普尔战役、帕斯什达勒战役、维累—布通诺战役等。其顽强的战斗精神和军人素质得到了协约国军队高层的赞赏，澳新军团被认为是协约国最优秀的部队之一。约翰·莫纳什也因此成为著名的、优秀的战略指挥家和军事理论家。历史学家们普遍认为，约翰·莫纳什将军具备非凡的才智和强大的人格魅力，他对军队的管理指挥能力和他在战场上的足智多谋都是当时很多其他部队的将军难以望其项背的。

1920 年，约翰·莫纳什写了一本书《1918 年澳新军团在法国的胜利》，将自己如何分析敌情并及时做出判断的方法整理成详细的战术理论。该书成为军事史上一部来自战场实践、总结实战经验的著名的军事理论作品。

1930 年，约翰·莫纳什被授予英国陆军上将军衔。

03 / "回归到原本属于我的生活中去"

第一次世界大战结束，在离开法国这个曾浴血奋战的国家时，约翰·莫纳什流下眼泪，对身边的人说道："这场战争终于结束了。"

手下的士兵高兴地看着他，激动无比地说道："是啊，将军，我们终于胜利了，这场战争让我们远离祖国，现在我们终于可以回去了！"

回国途中，他们一群将领坐在一起讨论战后的生活，有人对他说道："亲爱的约翰将军，你是这场战争中的功臣，你应该继续留在军队，这样你不仅能够发挥你的才能，而且还可以继续往上晋升，获得更高的权力和荣誉。"

约翰·莫纳什轻缓地说了一句："我要离开军队，回归到原本属于我的生活中去。"

在约翰·莫纳什心里，他已经完成了最初的抱负，并且赢得了鲜花和荣誉。现在，他该功成身退，回归到自己的生活中去。墨尔本当地举行了盛大的典礼，欢迎约翰·莫纳什将军荣归故里。他被邀请上台发表演讲，看着下面的民众投射来敬佩的目光，他会心一笑，拿起话筒，发表自己的演说："我曾经是一个普通的工程师，有幸修建过咱们这里的桥梁。当几年前的战争来临，我放弃安稳的工作和生活前往最残酷的战场，在那里，我目睹自己的同胞们流血牺牲，倒在我的身边，我从那个时候起就告诉自己，我要带着剩下的同胞们好好打赢这场战争，我不是一个军事天才，我只是爱思考，我思考的内容正是如何能够在保住生命的前提下，击倒对方，我最终做到了。我回到这里，辞去军中所有职务，要做一个平凡人，就像你们每一个站在台下听我演讲的人一样。"

　　说到这里，他停顿了一下，慢慢扫视着台下的民众，他继续说道："现在，我希望我们能够一起战斗，在各自平凡的世界里面，建立不平凡的功勋。让我们这个地方，变得更加和谐与幸福。"

　　演讲结束，台下爆发出连绵不绝的掌声和欢呼声，人们大声呼喊着他的名字，称赞道："英雄！英雄！英雄！"

　　他走下演讲台，走过人们的鲜花和掌声，走过充满苦难却又给自己带来毕生荣耀的战争年代，走过远离家乡和亲人的伤悲。如今，他离开战争舞台，来到了观众席，开始了另一场战斗，一场与生活的激烈战斗，他的目标很明确，让家乡发展得更加美好。

04 / 像白天鹅一样歌尽而亡

　　这个世界上，有一些最让人心生佩服的人，不仅仅是他们建立了传奇功勋，而是他们不管之前多么辉煌，走下舞台后仍能保持一颗平凡心，默默为社会发展做着贡献。中国有一句诗形容得特别精妙："春蚕到死丝方尽，蜡炬成灰泪始干。"约翰·莫纳什就是这样一个人。在战争中，他竭尽全力，赢得每一场战斗的胜利。脱下军装，放下了钢枪后，他重新穿上工作服，拿起设计图纸，继续为这个社会做贡献。他遵守着自己曾经所做出的承诺："我要战斗在平凡的生活中"，一步步为家乡发展做自己力所能及的事情。

去参加战争之前，约翰·莫纳什曾经是一名优秀的建筑工程师，有着相当丰富的工程和管理经验，因此他选择返回自己的岗位，并且很快就找到了一个大的工程，那就是维多利亚州的电力建设。他积极投身其中，联合起优秀的工程师组成团队，最终使这项浩大的工程得以胜利完工，为维多利亚州的城市发展做出了突出贡献。

随后，他带领自己的团队回到家乡墨尔本，开始建设当地的输电线工程。此举为当地居民用电带来了极大的便利，人们争相称赞约翰·莫纳什。除此之外，这些输电线路还延伸到当地的工厂和农场，对墨尔本的经济开发和发展同样起到了重要作用。

　　他的团队受到家乡人民的热烈欢迎。在他的影响下，他的团队，也包括家乡很多人，都无私地为家乡的建设贡献力量。大家都说："不能让约翰·莫纳什一个人辛苦，改造这座城市，是生活在这里的每一个居民都应该承担的责任。"

　　在家乡人民的鼓舞下，约翰·莫纳什的信心和力量倍增，更加坚定了自己发展城市建设的目标。他积极寻找更好的技术，争取让家乡在工程建设中受益。

　　约翰·莫纳什积极投身开采卢恩的煤矿，将自己的学识运用到开采工程中，降低了之前人们粗暴开采煤矿带来的危害，使澳大利亚的煤炭工业得到了更进一步的发展。

　　除此之外，约翰·莫纳什还为其他退役军人提供无私的帮助，鼓励他们重新开始自己的生活。他成立了老兵志愿者协会，专门帮助退伍军人解决问题，使千千万万在战场上浴血奋战过的士兵们，回到家乡后能够摆脱战争带给他们的困难和阴影，开启新生活。

　　他不止一次对这些老兵说："在战场上我们是士兵，到了生活中，我们依然要保持我们的战斗精神，我们虽然不再拥有最强健的体魄，战争带走了我们的青春，却给我们留下了一颗最勇敢的心。"

有一天，一个退役老兵来到约翰·莫纳什的办公室。敲开门后，他对着约翰·莫纳什严肃、庄重地敬了一个军礼。

经过一番交流，约翰·莫纳什明白了老兵的目的——希望能找一份可以养活自己和家庭的工作。

"亲爱的约翰先生，我没有什么知识，以前在一家工厂上班，战争开始就去报名参军，退役回来后再去原来的工厂，他们已经不再聘请我。可是我的家庭现在真的需要我做点什么，我很迷茫，所以就来找你，寻求帮助。"

这个在战场上不惧枪林弹雨的战士，面对困顿的生活，却泪流满面。约翰·莫纳什走到他的身边，轻轻拍了拍他的肩膀，对他说："不要着急，我会帮你想办法的，最近我们的老兵协会要去做一些工程建设的项目，特别辛苦，但是有一定的回报，你要不要去？"

这位老兵露出微笑，对他回答道："去，我肯定想去，打仗我都不怕，怎么还会害怕辛苦呢！"

约翰·莫纳什把他带到协会，介绍给大家认识。老兵羞涩地做了自我介绍，台下爆发出雷鸣般的掌声。约翰·莫纳什在一旁说道："在过去的战场上，我们并肩作战，取得了胜利，现在，让我们团结起来，继续前进。"

在他号召之下，越来越多的老兵加入了协会，开始新的生活，并且在他的带领下，他们中的很多人加入了工程建设这一行业，开始把家乡打造得更加美好。

战争，让士兵不得不打破本来安静美好的世界。战后，他们又凭借自己的努力开始重建，不仅是对建筑的重建，还是对生活信心的重建。

1931年，约翰·莫纳什因病去世。这个一生都在为让人类幸福而坚持抗争的伟大人物与世长辞，有将近25万人参加了政府为他举行的国葬仪式，悼念这位伟大的战士。1958年，为了纪念这位卓越的军事指挥家和优秀的建筑工程师，墨尔本特别设立了一所以他名字命名的大学——莫纳什大学。今天，这所大学已经成为世界一流大学，每年培养的人才不计其数。约翰·莫纳什的肖像后来也被印在现行的100元澳币上。

约翰·莫纳什虽然已经离开了这个世界，离开了他战斗过的地方，但是他所做出的贡献，将永远留在这里，一直闪耀着夺目的光辉。如今，每一个澳大利亚人都铭记着这位优秀卓越的英雄，对他充满了深深的敬意。

夕阳西下，英雄老去，但是天地间却永远书写着四个大字：浩气长存。约翰·莫纳什从最初的经验丰富的工程师到驰骋疆场的将军，再从将军回到工程师，他一生所有的传奇，在这两个职业的变换中展现得淋漓尽致。

书写自己民族的作家

——戴维·乌奈庞

这个世界上，对于一些特别小的民族来说，要想让别人知道他们的故事是十分困难的。在澳大利亚历史上，有这样一个人，他通过写下自己民族的故事，让更多的人了解了他们，他叫做戴维·乌奈庞，一个澳大利亚土著人。

戴维·乌奈庞（1872—1967 年），作家、发明家、演说家，出生在南澳大利亚。戴维·乌奈庞是土著人的代言人，经常参与调查土著人事务的皇家听证委员会的工作，多年担任澳大利亚土著人之友协会的工作人员，是澳大利亚东南部各州非常著名的一位土著人物。戴维·乌奈庞是澳大利亚历史上第一个发表文章作品的土著人作家。他一生中发表了许多文章、诗歌和传奇故事。他的《土著人传奇故事》一书的手稿，是记录澳大利亚土著人历史的珍贵资料，在澳大利亚的 50 元纸币上有这份手稿的图案。戴维·乌奈庞还是一位发明家。1909 年，他发明的一项剪羊毛的工具获得了专利。他还发明了离心马达、辐射状排列车轮以及一个机械推进器。

01 / 特别好奇的土著孩子

我们每个人来到这个世界上，都拥有一双清澈的眼睛，用来观察这个神奇的世界。当我们发现一些用自己的头脑想不明白的事情，就会对它们产生深深的好奇。

好奇心驱使着我们不断去奋斗、不断去学习，解决这些疑惑。当然，每个人好奇心的强烈程度是不一样的，并不是每个人都会为自己的好奇去努力探索，为了寻求一个答案而孜孜不倦地奋斗。

1872年，在南澳大利亚一个居民家中，他们的第四个孩子出生了，取名戴维·乌奈庞。

一天，7岁的戴维·乌奈庞正在院子里和弟弟妹妹玩耍，天空突然下起了雨，他们连忙往屋子里躲，回到家以后，外面响起了轰隆隆的雷声。

小戴维站在窗台边上，观察着外面发生的一切，他被雷电的壮观景象深深吸引，不由得赞叹："世界上怎么还会有如此美丽的景象。"而一旁的弟弟妹妹早已吓得捂住耳朵，不敢往外面看。看到哥哥专注地望着窗外，他们很是不解他为什么要这么做，难道他就不感到害怕吗？

他们不知道，哥哥虽然年纪小，但是胆子特别大，他不仅敢观看在他们眼中吓人的闪电，还特别喜欢一个人在夜里睡到外面去数星星。

"戴维，你今晚还要去外面睡觉吗？"妈妈问。戴维·乌奈庞一边抱着自己的枕头、被褥一边回答道："是啊，亲爱的妈妈，你不知道天空中的星星有多么迷人。"

妈妈看他坚持要去外面睡觉，摇摇头返回自己的卧室。

夜晚，清风徐来，天上繁星闪烁，戴维·乌奈庞观看着这一神奇的自然现象，心里不断在想："这些星星看上去是这么渺小，可为什么有人说它们其实很大呢？如果有一天，我能够飞到它们身边，就能知道答案了。"

他一边幻想着，一边慢慢进入梦乡。伴随着美丽如画的星空，他睡得很香甜。在这个小小少年的梦里，他真的坐着一艘飞船，飞上了那片最美的星空。

到了该读书的年纪，戴维·乌奈庞便在家乡的一所教会学校中接受教育。在这里，童年时代积攒的那些问题终于可以得到答案。年幼的戴维·乌奈庞表现出了强大的求知欲望。

这所教会学校开设了很多课程，哲学、科学和音乐等课程对戴维·乌奈庞来说有着非常大的魅力，甚至让他痴迷。在哲学的世界里，他被哲学先辈们的智慧深深折服；在科学这门课程中，他明白了闪电是怎么形成的，惊叹于大自然神奇的力量，知道了天上的星星有的大、有的小，还知道他生活的这片土地，其实也是一颗星星……戴维·乌奈庞一边赞叹宇宙的无穷，一边感叹人类的渺小。对于音乐，他展现出极大的热情，他喜欢那些如同诗歌一样流畅的钢琴曲，对歌剧等音乐史诗更是如醉如痴，他相信音乐具有一种神奇的力量，不仅可以振奋人心，还能治愈人们的伤痛。

全班所有的学生中，戴维·乌奈庞永远都是回答问题最多的一个，同时也是提出问题最多的一个。有时候，他的问题老师也无法解答。每当这个时候，老师就会亲切地对他说："戴维，如果有一天你进入更高等的学校学习，就能够解答你的这些问题了。"

听到老师的回答，他的心里默默地滋生出一粒种子——一定要去一所好的大学读书，来解答自己内心真正的疑惑。

　　然而，他的这粒种子还未开始生根发芽，就被父母无情地斩断了。那是一个新学期即将开始的午后，戴维·乌奈庞一个人在家中高兴地收拾东西，他开心地想："太好了，明天我终于可以去学校了。新的学期，我一定可以掌握一些新东西，这样，我离进入大学就更近一步了。"

　　这个时候，戴维的母亲回到家，她怀里抱着一个嗷嗷待哺的小婴儿，这是家里的第九个孩子。这么多孩子，让这个本就贫困的家庭变得更加不堪重负，如果不是父亲和几个哥哥辛勤的劳作，他们一家人早就不知道该怎么活下去了。

　　"别收拾了，戴维，从明天开始你就别去学校了，跟着爸爸和哥哥们去打工赚钱吧。"妈妈对他说。

　　"不行，妈妈，我要去上学。"戴维·乌奈庞怎么也想不到，自己以后都不能再去心爱的学校了。他拼命挣脱妈妈的手，继续把书本往书包里面装。

　　由于他与妈妈的争执太激烈，吵醒了妈妈怀里的小弟弟，小弟弟哭得特别大声。妈妈一边哄着他，一边对戴维·乌奈庞说道："你看，你还有这么多小弟弟和小妹妹，我也希望你可以好好读书，以后成为一个有文化的人。可是你也知道，咱们家的情况支撑不了你上学的费用，难道你非要这么自私，看着弟弟妹妹们饿死吗？"

妈妈口中的"自私"两个字，深深地伤害了戴维·乌奈庞幼小的心灵，他呆呆地看向妈妈，发现她早已经泪流满面。他无奈地点了点头。妈妈一只手抱着小弟弟，另一只手过来抱住了他，对他说道："亲爱的，你真是一个好孩子，妈妈知道你最懂事了。"

第二天，戴维开始跟着爸爸和哥哥们外出打工，每天做的都是一些体力活，虽然十分劳累，但是晚上回家后，他也不会和哥哥们一样，倒头就睡，而是拿出自己借来的书和杂志，如饥似渴地看上一会儿。他不能看得太晚，否则第二天太累无法保证工作量，就不能得到工资了。所以，戴维每次都只看一小会儿，依依不舍地合上书后，脑子里还会回想着刚才书中的内容，一点一点咀嚼它，一点一点消化它，然后幸福地、慢慢地进入梦乡。

父亲和哥哥们也习惯了戴维的行为，虽然他们不知道戴维这么做的意义，但还是支持他。家里要是有了余钱，父亲还会专门去很远的地方买书送给戴维。这是戴维·乌奈庞最幸福的时候。接过父亲递给他的书，他激动地流下眼泪："真的是太谢谢你了，亲爱的爸爸。"父亲一脸慈爱地摸着这个还是少年却已经有很多伤疤的孩子的头，回答道："我知道你喜欢看书，好好看吧，能知道一般人不知道的东西也是很不错的。"

　　从最初对一切事物产生好奇，到后来拼命阅读书籍来增加自己的知识，从而让自己具备能力来解决心中的疑惑，好奇心一直是驱使和支撑戴维·乌奈庞向前的动力，是这个少年最初的老师，也是最好的老师。好奇心教会他不断地去发现问题，然后拼命地去寻找解决这些问题的办法。他虽然没有受过更高的教育，但却积累了很多别人不了解的知识，这让他感到特别骄傲与自豪。

02 / "你肯定是移民到这里的英国人吧？"

随着年龄的增长以及知识的不断积累，戴维·乌奈庞知道了知识能够把世界变得更加美好，给人类带来自由与福利。因此，他有了一个新的梦想，那就是凭着自己的知识与智慧，加上自己的双手，创造出更多好东西来改变这个世界。

可是创造什么东西呢？戴维·乌奈庞陷入困境，打算多看看外面的世界，再思考要创造什么样的有意义的东西出来。

"大叔，你这个羊毛这样剪是不是太慢了啊？"一个偶然的机会，他去一家农场工作，在那里遇到了一位农民正在辛苦地修剪羊毛。

农民一边修剪着羊毛，一边回答他："小伙子啊，你以为我想拿剪刀这样剪吗？真的是没有其他更好的方法能让我剪得快一点啊！"

这句话点醒了戴维·乌奈庞，他终于知道自己要创造什么东西了，那就是发明一个工具，可以帮助农民解决剪羊毛困难的工具。他向农民承诺一个月后给他一个东西，能帮助他快速地修剪羊毛。

农民怀疑地看着戴维·乌奈庞，但是他没有说什么不相信之类的话，而是微笑地说了句："行啊，小伙子，我等着你。"

从这天开始，戴维·乌奈庞每天都是白天工作，晚上回家就一头钻进杂物间开始研究怎么才能把这个工具创造出来。他查阅了很多机械设计的书，联系自己平时运用各种工具的实际感受，终于构思产生了一个雏形。他激动地将这个雏形画到图纸上，进一步地完善后，准备进行工件加工。没有加工设备，他就抽时间跑去专门的工厂，用了一个月的时间，终于把这个工具制造出来。

戴维·乌奈庞拿着工具找到了农民。"大叔，你看看这个，试一试能不能剪得更快一点。"农民大叔惊讶地看着他，他以为戴维·乌奈庞只是随口说说，没想到他真的制造出一个这样的工具来。

"不错，果然很快，小伙子，你真的很了不起啊！"大叔激动地拍着戴维·乌奈庞的肩膀，接着又问道："在哪里能买到这个工具？"

戴维·乌奈庞笑着说："这是我自己做的，就只有这一个，你拿去用吧。"

大叔推脱道："那可不行，你发明的东西应该拿去申请专利，然后找工厂量产，我就能买到了。"

他的建议提醒了戴维·乌奈庞，他决定去找政府部门申请专利。

政府相关部门的工作人员接待了他。审查了他申请专利的器件，兴奋地看着问道："这个工具是你自己发明出来的吗？"

戴维·乌奈庞回答："当然是我发明的。"

"哦，那你肯定是一个移民到这里的英国人吧？"工作人员问。

戴维·乌奈庞有些生气，他拍着自己的胸口一字一顿地说道："不，我是一个地地道道的本地居民，我的家族世世代代都生活在这片土地上。"

工作人员疑惑地看着他，嘴里嘟囔道："有什么了不起的，你直接说你是一个土著不就行了，要是没有我们，你们现在还以最原始的生活方式生存，能造出这个东西吗？"

戴维·乌奈庞无话可说，因为他的话虽然难听，却都是实话，他深刻地感受到，这些人数比原始居民还要多的外来者，对原始居民很不友好。

虽然戴维·乌奈庞最终取得了自己发明创造的剪羊毛工具的专利权，可是他却没有开始那么兴奋，他开始思考自己的民族与外来移民之间的关系，他决心要想办法让他们更了解自己的民族。

之后，戴维·乌奈庞又相继发明出了很多东西，有离心马达、辐射状排列车轮以及一个机械推进器，可是他并没有充足的资金来进一步扩大生产。

戴维·乌奈庞最伟大的科学预想诞生在 1914 年的一天，他根据自己这个民族的一种叫做回旋器的狩猎工具，预想到了直升机会有一天问世。他联想到自己儿时的那个梦：驾驶着一艘飞船飞向天空。虽然自己可能看不到飞行器，可是他相信未来总有一天，有人会将这个飞行器发明创造出来，在他提出这个预见之后的 20 年，人类历史上的第一架直升机问世，足见戴维·乌奈庞对于科学有着自己独特的敏感度和预见性。

戴维·乌奈庞还对一件事情特别感兴趣，那就是他相信可以制造出永动机。他对永动机奥秘的探索持续了一生。戴维·乌奈庞制造了很多模型，可最终都以失败告终。现在我们都知道，永动机是不可能存在的，可是戴维·乌奈庞身上闪烁的探索精神和追求科学的精神，是永远值得人们敬佩与学习。

03 / 追求平等，并为之付出努力

"土著"一词，是相对于外来殖民者而言的，是指一个地方的原始居民。在殖民者从其他地方来到这里之前，他们就住在这片土地上，有着自己的历史、文化和传统。澳大利亚属于移民国家，欧洲人在 17 世纪发现了这块大陆，1770 年英国航海家库克船长发现了它的东海岸，而后的 20 年，第一批来自英国的自由民众开始移居到这片土地，然后不断发展，共建立了 6 个殖民区。后来就有了今天的"澳大利亚联邦"。但是在这些外来的殖民者们眼中，这片土地上的土著居民缺少知识，是无知的民族，所以他们和土著人之间的关系一度不太友好。

时间飞逝，转眼间戴维·乌奈庞已经不再被人叫作"一个了不起的小伙子"了，他想起了多年前他为剪羊毛工具申请专利时遇到的不公正，于是他开始致力于让更多移民者了解原始居民的传统文化，并且希望当时的澳大利亚联邦政府能够专门设置一个机构来管理原始居民。

当时的政府也开始认识到这个严峻的问题，他们希望找一个人作为土著人的代表，向其他人介绍土著人自己的文化传统，让其他人了解土著人，他们一样有着聪明的头脑，有着改变世界的智慧。

戴维·乌奈庞在这个时候进入这些当局者的视野中，成为澳大利亚公众生活中土著人的形象代言人。戴维·乌奈庞流利的英语、渊博知识以及讲话时的气质，一度改变了人们对土著人的看法。

有一次，戴维·乌奈庞参加一个节目时被人提问道："戴维先生，你能不能回答我一个疑惑，为什么你们土著人的嗅觉那么灵敏？"

戴维·乌奈庞回答："这个可能和我们的祖先有关，因为我们都是继承他们的这一特性，也许这些疑惑可以从我们当地的神话故事中得到答案。"

"那么，你能给我们讲一讲你们的神话传说吗？"这个问题把戴维·乌奈庞难住了，他摸了摸头，尴尬地回答道："这个我也不是太清楚，因为我们并没有专门把这些故事记叙下来的东西。"

这位提问题的人再次发问，只是他这次的问题，给戴维·乌奈庞造成了深深的打击："所以，也就是说，你们的民族是一个没有历史的民族吗？"戴维·乌奈庞没有办法反击，因为他确实无法拿出任何记录自己民族文化的东西。于是，他暗暗发誓，一定要写一本书，让人们真正了解自己民族的故事。

他经常参与一些关于调查土著人事务的皇家听证委员会的工作。在这些会议上，他积极踊跃地提出建议，希望通过自己的努力，为自己民族的人们争取更多的福利。

戴维·乌奈庞的努力没有白费，受到当局者的支持。

1928—1929 年间，他协助政府进行了对土著人福利状况的调查。这个调查证明政府开始重视改变土著人与移民者之间僵持的现状，并且正式为土著人的生活问题想办法。

可是到了 1934 年，政府依旧没能对土著人的问题做出合理答复，因此，戴维·乌奈庞开始督促联邦政府承担起解决土著人事务的责任，并提出成立一个专门管理土著人事务的委员会的建议。

当戴维·乌奈庞成为土著人代言人之后，他开始常年担任澳大利亚土著人之友协会的工作人员，为了土著人的问题四处奔波，广泛结交朋友，成为澳大利亚东南部各州非常著名的公众人物。他在四处奔波期间，大力宣扬自己的主张，一次次公开发表演讲。通过自己多年的搜集、整理，他记录了很多自己民族的传奇故事和神话故事，于是就在各地宣传土著人的传奇人物和传统习俗，提倡白人和土著人之间要进行的合作，积极破解他们多年来冰封的关系，他慷慨激昂地告诉众人，不论肤色都应该享有同等的权利。

"亲爱的戴维先生，我认为你讲得非常好也非常有道理，可是，你觉得他们真的会听从你的建议，平等对待我们吗？"一个听了戴维·乌奈庞演讲的听众好奇地问道。

戴维·乌奈庞坚定地说："我相信只要我们坚持不懈地努力，总有一天他们会认识到，我们本来就应该是他们的一员，更何况，我们的祖先世世代代就生活在这片土地上，我们有着自己的历史文化，但因为我们的文明发展太落后，不能拿出什么文献来让他们看到我们的文化。"

"那么戴维先生，你可以为我们的民族写一些东西给他们看吗？我觉得你拥有这个能力。"

戴维·乌奈庞非常认同这名听众的建议。他想，虽然我们的民族没有自己的史书，可是作为一个原始居民，我有这个责任和义务，让他们知道我们的文化和传统。只有当他们了解了我们，才愿意尝试去接触我们，只有这样，我们的关系才能慢慢变好。

于是，戴维·乌奈庞着手准备创作文学作品来表达自己民族的文化精神。

04 / 第一个执笔写作的土著人

　　有一句话这样说：当你拿起笔写下心中的世界，那么纸上出现的世界，就是属于你的。

　　从第一次拿出自己发明的剪羊毛工具申请专利被人质疑，到被人疑问自己的民族为什么没有文学作品，戴维·乌奈庞明白了一个道理：只有改变自己，提升自己民族的文化，才能让别人对他们刮目相看。于是他听从别人的建议，开始写作，写自己民族发生过的故事。为此，他四处奔波，搜集各地流传的神话故事，将搜集到的东西全部记录到自己随身携带的小册子里。他日复一日，不辞辛劳。1924 年，戴维·乌奈庞编写的《土著人的传统与习俗》在悉尼《每日电讯报》上发表。由于这份报纸在澳大利亚的发行量特别大，所以这份记载着关于土著人生活的报纸一经发行，就引来巨大的反响，人们开始真正去了解土著人，了解最先生活在澳大利亚这片国土上的人，了解他们是怎样一直在这片土地上生活的。

　　这次文章的成功发表，给戴维·乌奈庞继续创作带来了极大的鼓舞。他奋笔疾书，想要把他们这个原始居民的历史全部描绘出来。

1925年2月，戴维·乌奈庞编著的《曼靖基土著部落的故事》，被一家叫作《家园》的杂志社看中，很快就开始刊登。在这篇文章里，他详细记述了土著人部落的故事。四年以后，他将自己整理的传奇故事编成一本15页的小册子，虽然篇幅不大，可是这本讲述土著人传奇故事的小册子还是让很多人啧啧称奇，为书中描写的故事拍案叫绝。

次年，英国伦敦出版了一本叫作《澳大利亚土著人的神话与传说》的书，这本书中收录了戴维·乌奈庞的作品。该书出版后，让人们对澳大利亚土著人有了更加深入的了解。其中的许多神话故事把他们带入一个瑰丽的世界中，让移民者更多地了解了这片土地上曾经发生的故事。

"真没想到啊，戴维先生，你真的把这些故事写了下来。"那个曾建议他写作的听众对戴维·乌奈庞无比敬佩。

戴维·乌奈庞回答："这是我应该做的，我们的民族也有悠久的历史，本应该让人们知道。现在终于写出来了，我还会继续写下去，希望有一天，他们能改变对我们的看法。"

戴维·乌奈庞一生发表了很多文学作品。其中包括很多文章、诗歌和神话传说故事，大多是和土著人的历史密不可分的。他是一个地地道道为自己民族正言的土著作家。

戴维·乌奈庞的文学作品具有很重要的意义，直到现在，他写的《土著人传奇故事》一书的手稿，仍然被保存在悉尼的米切尔图书馆中，成为研究澳大利亚土著人历史的珍贵资料。为纪念戴维·乌奈庞而发行的50元纸币上，也印刷有这份手稿的图案。

1967年2月，戴维·乌奈庞在自己家中因病去世，享年95岁，他被埋葬在自己的家乡。他这一生都在努力使别人消除对土著人的偏见，致力于让所有澳大利亚人公平、公正地生活在一起，给家乡的人们带来福祉。

1985年，因为戴维·乌奈庞凭借文学作品给人类文化带来的重要影响，被追颁土著人作家奖。这是一个专门为土著人作家设置的奖项，用以鼓励更多像戴维·乌奈庞一样的土著人进行文学创作，让人们更好地了解土著人。戴维·乌奈庞所做的一切努力，都有了回报。

1988年，为了纪念这位伟大的土著作家，澳大利亚联邦政府以戴维·乌奈庞的名字设立了一个基金——戴维·乌奈庞基金，专门用来奖励发表过作品的土著人和托雷斯岛民作家（他们也是生活在澳大利亚的原始居民）。在南澳大利亚的阿德莱德，每年都会举行一次乌奈庞讨论会，用来纪念这位伟大的土著人作家和发明家。

这个世界上，人类永远在进行着探索和研究，致力于让我们生活得更加幸福与快乐，这也是我们奋斗的目标。有很多和戴维·乌奈庞一样的土著人，他们希望将灿烂的文明与先进的科技带回自己的民族，我们要永远支持他们，同时也要用包容、尊重和欣赏的态度对待他们的文化和传统。

作为第一个土著人作家，戴维·乌奈庞的一生极具传奇色彩。他是一个作家，也是一名有才华的演讲家，更是一个极具创造力的发明家。这一切的成就都和他从小就喜欢思考未知事物的习惯有关，正如他趴在窗边观看闪电、暴雨，睡在院子里观看满天星辰，这一切，都造就了他传奇的一生。

戴维·乌奈庞，一个坚持书写自己民族的作家，永远值得人们尊敬与爱戴，历史不会将他遗忘，而他的那些成就，也将永远在历史长河中闪闪发光！

世界第一支飞行医生队的创建者

——约翰·弗林

在地域辽阔广袤的澳大利亚，特别是人口稀少的内陆地区，如果有人患了疾病，很难得到及时的治疗。很多时候，人们只能眼睁睁看着一个生命消失。为了减少这种悲剧的发生，诞生了一个特殊的医疗服务机构。创造这一特殊机构的人，正是现今澳大利亚20元纸币上的人物之一，他的名字叫作约翰·弗林。

约翰·弗林（1880—1951年），澳大利亚长老会牧师，澳大利亚独特的医疗救护组织"皇家飞行医生服务"的创建人。他出生在澳大利亚维多利亚州的古德菲尔德。在弗林2岁时，母亲因为难产去世。弗林从小就立志，长大要当一名牧师，帮助人们缓解心中的痛苦。后来他考入墨尔本大学学习宗教学时，也没有忘记乡村生活的苦难。1911年约翰·弗林担任南澳大利亚一个偏远地区教会的牧师和医生，每天骑着骆驼，乘着马车来往于偏远住户和城市之间传教、行医，亲眼看到许许多多的人在患病或受伤后因为得不到及时的救治而失去了生命。1928年，弗林创办了世界上第一个空中救护组织——澳大利亚皇家飞行医生服务机构，为成千上万的人解除了疾病。20世纪50年代，澳大利亚总理罗伯特·戈登·孟席斯说："飞行医生代表了大概是我们这个时代所见过的、对这个遥远国度最伟大的贡献。"

01 / 立志挽救危难中的人们

1880 年，约翰·弗林出生在澳大利亚维多利亚州古德菲尔德乡村一户普通人家里。也许是受到家乡静谧环境的影响，小约翰·弗林性格文静而又敏感。在这个小小少年还不会说话时，就喜欢趴在窗台上观察外面的风景。

约翰·弗林 2 岁的时候，这个家庭发生了一件悲惨的事情：母亲因为难产得不到及时治疗而失去了生命。当时还是幼童的约翰·弗林全然不知这是噩耗，只是在他的记忆中，从此再也没有了母亲亲切的笑容。稍大一些后，他敏感地发现，由于母亲的去世，父亲变成了一个郁郁寡欢的人，总是一个人坐在椅子上闭眼沉思，满脸悲痛。小约翰·弗林认为他应该做些什么来帮助父亲走出悲痛，可是年幼无知的他除了尽量不给父亲惹麻烦，再也想不出什么好的办法。

有一天，家里来了一个人，对父亲说了几句话，父亲竟然露出了久违的笑容。他惊讶地问父亲那是什么人，怎么能有如此神奇的魔力？父亲微笑地摸着这个可爱又懂事的孩子回答："亲爱的小约翰，他是一个传教士。正是他告诉我，你们的母亲在天堂过得很好，还说了些让我能够宽慰的话，我这才走出悲痛。"

听了父亲的回答，小约翰·弗林高兴地点点头："那我以后也想成为一个他这样的人，可以吗？"

父亲充满慈爱地摸着这个孩子的小脑袋，回答："当然可以了，我的孩子，如果你可以成为这样的人，能够给别人带来福音，那么你就是我的骄傲。我会永远支持你的！"

也就是从那一天起，约翰·弗林幼小的心里就埋下了一粒种子，那是一粒长大以后要成为一名传教士的种子，为更多的人带去心灵的安慰，使他们走出悲痛。

为此，约翰·弗林刻苦努力学习文化知识，朝着自己的梦想勇往直前。

他生活的地方属于澳大利亚的偏远地区，这里除了医疗条件落后，很多生活服务设施也都特别落后，给当地居民，尤其是初来这里的人带来很大的不便。

在这样艰苦的生活条件下，约翰·弗林顽强地长大了，凭借自己的智慧和努力学习，如愿考入了墨尔本大学，开始学习自己梦寐以求想要学习的宗教学。在学校读书的时候，他想起自己在乡村生活中体验到的孤独与无助，编写并出版了一本名为《丛林生活伙伴》的小册子。在这本书中，约翰·弗林详细记述了在偏远地区如何进行紧急救助来处理伤患，以及偏远地区的邮政服务甚至葬礼服务等情况。这本书的出版，给很多在偏远地区生活的人带来了很大的便捷。

02 / "游侠"的又一愿望

毕业后，约翰·弗林开始了自己的传教士生涯。他满心欢喜，觉得自己踏上了一条能够给别人带来福音的光明坦途。可接触到真实的世界后，他才意识到，所有的一切都远没有自己所想象的那么简单。

1911 年，约翰·弗林开始在南澳大利亚州的一个偏远地区担任当地教会的牧师，发现当地人患了伤病之后常常因为得不到医治而失去生命。约翰·弗林对此感到无限的悲哀，并开始对澳大利亚内陆地区缺乏医生和医疗设施的情况有了切身的体会。

据统计，当时的澳大利亚国土面积达到了 768 万平方千米，要比整个西欧都大，但人口在 1911 年却只有 445 万，而且大部分都集中在东南部沿海地区，内陆地区是大片草原和荒漠，在西澳大利亚每 30 万平方千米的范围内有两名医生，而在北领地每 150 万平方千米的范围内也只有两名医生。加上通信技术落后、交通不便等原因，内陆地区许多人在患病或受伤之后往往因为得不到及时的救治而失去生命。

"亲爱的约翰牧师，你终于来了，我的孩子从昨夜就一直高烧不退，我和她的妈妈要担心死了。"一个当地居民无比激动地对刚开着轻便卡车进入村落的约翰·弗林说道。他高高举着双手，表现出自己对于约翰的来临极为高兴。

这已经是约翰这个月第三次来这个村落了。上一次他为一个在干农活时不小心把手指割断的村民进行了包扎。

约翰背着自己的医药箱，跟着这位父亲来到了他的家中。看见约翰，小女孩的母亲连忙出来招呼，给他端来一杯水让他解渴。一路奔波的约翰顾不得休息，润了润喉咙，就来到已经躺在床上难受得呻吟的小女孩身边。他摸了一下她的额头，很烫。多年的从医经验告诉他，这一片地区可能正在蔓延一种流感，很多人都在发热。他拿出药让女孩服下，看着她喝完药之后慢慢睡下，这才松了一口气。

"孩子没什么大碍，主要还是免疫力太差，要多注意别让她着凉，我还得赶去别的地方，这些药你们留下，等孩子醒来给她喝。"约翰谢绝了小女孩父母的挽留，匆匆忙忙离开，驾驶着自己的卡车，开往下一个村落。

这一天，他只在车上吃了点面包，在病人家里喝了口水，就当解决了自己的吃饭问题。

但是他对待病人却从没有这么草率，他竭尽全力来医治所有他遇到的病人。与此同时，他还随身携带着一个工具包，病人家里破损的门窗甚至是出故障的钟表，他都会帮助修理。

"约翰牧师，你真是一个好人啊，我们全家都要好好感谢你。"一个前些天受到约翰医治的患者，听说约翰又来到自己的村落，连忙带着全家人来向他表示感谢。

看到这么多人因为自己的治疗而痊愈，约翰也很开心，可是心里仍旧有一种说不出的感觉，让他一直迷惑。

到了晚上，终于可以安心休息的时候，约翰·弗林却失眠了。他来到窗边，望着窗外浩瀚无边的土地，心想："这次流感不知道还要感染多少人，我一个人的力量怎么可能帮助所有的病人呢？看来，得建一些医院，才能真正解决这里的问题。"

于是，约翰一有空就联系外界，希望可以往这里派遣一些专业医生和医药用品。在他的努力呼吁下，这里真的建立起了医院和看护点，尽管这些初级的医疗机构为缓解偏远地区看病难的问题发挥了一些作用，但是对从根本上解决当地的缺医少药问题来说却如同隔靴搔痒。

约翰·弗林为自己不能真正解决这里的问题而感到深深的愧疚。他开始认真思考，希望能够真正想出好的办法，来帮助更多的人。

于是，约翰·弗林有了另一个宏伟志向，那就是通过自己的努力，让每一个澳大利亚内陆的病人都能够及时接受治疗。

03 / 终于飞翔起一只雄鹰

一个人在做成功一件伟大的事情之前，所有不理解他的人都会认为他是一个疯子。要成大事，就必须要学会面对别人的讽刺与嘲笑。当约翰·弗林说起自己要建立一支能快速到达病人身边的医疗队伍时，几乎所有人都对他表示："你的想法是不可能实现的，还是别再胡思乱想，好好做你的医生，做好咱们这片方圆几里的医生就行了。"

虽然受到越来越多的冷嘲热讽，约翰·弗林依然没有放弃自己的这一构想。他相信凭借自己的努力，一定能够建立起这样一个特殊的飞行机构，而且一旦建成了，将造福于更多缺少医药、寻求救治的人。于是，约翰·弗林无视别人对自己的质疑，开始认真思考如何才能让自己的构想成功。

要解决偏远地区看病难问题就要解决两个关键的问题，那就是交通工具和通信手段。他认为，只要偏远地区拥有和医院联系的通信手段，而医院能够使用恰当的交通工具将医生和医药用品立即派往需要的地方，将会从很大程度上解决人们的求医需求。

当时正在爆发第一次世界大战，飞机被人们认为是一种非常可靠的、快速的交通工具，而无线电通信技术虽然还只是处于起步阶段，但是也已经显现出了在远距离通信中的优越作用。

正当约翰·弗林陷入困境之时，一名年轻的上尉、医学院学生皮尔在奔赴法国前线作战的途中写信给约翰·弗林。"尊敬的约翰牧师，我听说了你的事迹，也知道了你有要改变澳大利亚偏远地区医疗条件不足这一问题的心愿，对此我表示由衷地赞叹。我也是一个偏远地区走出来的人，我知道那里的困境，我也知道你要改变它是多么的不容易。现在，从我参加这场战争以来的发现，我想告诉你一个好的建议。我们在别的国家参战，经常会缺少弹药食物，所以定期会有飞机来对我们进行空投，这让我不禁想到，是不是也可以采用飞机来运输医生，对偏远地区的病人进行救治。"

约翰·弗林看完皮尔的来信后特别激动，自己心头一直以来难以解决的问题终于有了答案。他把皮尔的来信发表在了教会的刊物上，让人们都能看到自己因为皮尔而产生的新想法，那就是建立一支由飞机运输医生，为远距离病人实施医治的计划。同时，约翰开始四处奔波，筹集资金，为创立这样的一支飞行医疗服务队做充分的准备。

为了能够解决与偏远地区居民的联络问题，约翰·弗林和一位来自阿德莱德的工程师特利格进行研究，最终决定在偏远地区的农牧场中推广使用摩斯电码来作为远距离联络的方式，但是这个时候新的问题又出现了，那就是偏远地区根本没有电力，怎么能够进行摩斯电码的发送和接收工作呢？

就在约翰·弗林一筹莫展，准备放弃这个看似前途光明的计划时，那位叫特利格的工程师来到了他所在的教会，同时，也带来了一个像是由自行车改装过的装置。

"你拿的这是什么，一辆没有轮子的自行车吗？"他好奇地问道。

"不！不！不是那样的。"特利格很是兴奋和激动，他把那个装置放在地上，然后坐在上面的小椅子上，开始蹬下面的踏板，随着他的运动，装置前面安装的灯泡开始发出光亮，到了最后居然全亮了起来。

约翰·弗林既兴奋又好奇，他追问道："亲爱的先生，这难道是一个发电机吗？"

特利格点着头回答道："是啊！牧师，有了这个家伙，我们就再也不必为那些偏远地区缺少电力而不能进行通信的问题而感到烦恼了。"

约翰·弗林激动地围着这个脚踏式发电机转了好几个圈圈，至此，创立"飞行医生"的准备工作就全部完成。1928年5月15日，世界上第一个"飞行医生"服务组织终于问世了。

在这之前，有人曾经问约翰·弗林："飞行医生虽然能快速到达病人身边，但是每次飞行随身携带的药品和器械是特别有限的，我们如果不能提前知道病人生了什么病，患病部位在哪里，去了之后不也是无济于事吗？"

这个提问，让约翰·弗林认识到通过摩斯电码仅仅传递病人的地点还不够，还必须能够传递病人具体的患病情况才行。他反复琢磨，终于想出来一个好的办法，将人体图上的各个部分用数字来代替。例如，数字1就表示患者是头部有问题。在这之后，飞行医生联络点之间就开始用这样的方式进行联系。

1928年5月17日，飞行医生服务组织的首飞开始。

"看，他们来了。"位于昆士兰州一个农场的居民指着天空中朝着他们飞来的飞机，激动地对着自己的家人喊道。两小时前他去医疗站找工作人员发报，通知飞行医生他的家里有一位心脏出现问题的患者，没想到真的来了。

这是飞行医生服务组织的首次飞行，飞机降落后，从上面下来的威尔奇医生，是约翰·弗林招募的第一位飞行医生，他的从医经验非常丰富，而这样乘飞行赶往治疗地点却还是第一次，对他来说也是挑战。况且今天，与约翰·弗林宣布飞行医生服务组织正式成立只间隔了2天！他赶到患者家中，利用携带的医疗工具，对病患进行了治疗。很快，患者睁开了虚弱的眼睛，脱离了危险，威尔奇激动地跑到院子里，对着蓝天大声呼喊："我们成功了！"

位于千里之外的约翰·弗林，在收到威尔奇传来的成功消息的摩斯电码后，高兴地在原地跳了起来。他紧紧拥抱每一位支持者，与他们共同庆祝这一伟大的历史时刻。飞行医生，终于诞生了！

04 / 飞行医生时刻准备冲向蓝天

世界上第一位飞行医生威尔奇在成功完成自己的第一次任务之后，受到了约翰·弗林最诚挚的鼓励："你是第一位飞行医生，第一个穿越天空，赶往患者家中进行治疗的医生，这是医学史上的进步，你值得接受全人类的赞美！"

约翰·弗林说完，与威尔奇紧紧拥抱在一起，他的眼中情不自禁涌出泪水，他的心中无比自豪，这个困扰着人们很久的问题，今天终于解决了！

这一年，威尔奇一共飞行了50架次，总共救治了225名伤员病患，为澳大利亚偏远地区农牧场的居民们带去了福音。然而，第一年的成功并没有使约翰·弗林和他的同事们因兴奋而忘乎所以。他们意识到自己仍然面临着很多问题，特别是资金短缺的问题。在那个年代，飞机是最昂贵的交通工具，对于约翰·弗林创立"飞行医生"这一举措，社会上有很多非议，他们认为不值得耗费这么多人力、财力来做这样的事情。

面对这些非议，约翰·弗林义正词严地说了一句话："在我心中，以及我们组织的信念里，这个世界上没有任何事情要比人的生命更宝贵！"正是他的这句话，使得"飞行医生"服务组织获得了社会各阶层人士的大力支持，在这些支持者的关注和帮助之下，"飞行医生"服务组织甚至奇迹般地度过了经济大萧条时期的打击，不断发展壮大。

1955年，经英国女王批准，"飞行医生"服务组织得以在名称前面加上"皇家"二字，表达了官方对这个非营利公益组织最大的肯定，这也是约翰·弗林获得的最大荣耀。自此，飞行医生服务组织机构正式开始命名为"澳大利亚皇家飞行医生"（RFDS）。

在约翰·弗林的带领下，他们秉持着"飞行医生随时待命，时刻准备冲向蓝天"的宗旨，一次次为了拯救人们的生命而奋斗。

一个阳光明媚的午后，澳大利亚内陆的一户人家，正在焦急地等待着。此时，屋内的传来一阵一阵的惨叫声，那是一个8岁的少年。他早上出去玩，不小心被一辆飞驰的马车撞倒在地，大腿血流不止。好在马车主没有逃逸，而是让仆人带着少年回到他的家中。

"哎呀，我的孩子伤得这么重啊！"一看见血流不止，已经晕过去的孩子，他的母亲悲伤到难以自拔。在她心里，这个地方医疗条件极为简陋，他们家方圆百里，都没有一位医生，要是家人不小心得病或者出了事故，基本上跟被判了死刑一样。

父亲安慰道："人家撞了孩子后没有跑掉，我们让他赶马车去镇子上的医院，说不定还能治好我们的孩子。"

孩子的母亲听到这话，哭得更加厉害，她一边流着眼泪，一边悲伤地说道："从我们这里到镇子上的医院距离太远了，等到了那里，我们的孩子早就没命了！"

说到这里，这位母亲突然一下子扑向那位马车主，她对着马车主愤怒地喊道："你还我的孩子，把我的孩子还回来啊！"

马车主对着她说道："夫人，我能理解你的心情，我也很自责，但是现在我们只能等待医生的到来。"原来，把孩子送回家以后，他就差遣他的仆人去找医生。

"可是，先生，我们这里距离医院特别远，你怎么能保证你的仆人回来之后我的孩子还能安全地活着？"紧紧拉住妻子的男人对马车主的话提出疑问。

马车主向他们讲述了关于"飞行医生"的事情，他们摇头表示不知道。马车主解释道："咱们这里前两天刚修建了一个联系点，是用来和飞行中心的联络员取得联系的。这次我来，本来就是为了检测这个联系点的修建程度，没想到无意撞伤了你们的孩子。我已经让手下去联系飞行医生，他们应该就快到了。"

这个时候，外面传来一阵响动，伴随着马蹄声，还有人的喘气声，走进来一个人，正是那位出去联系飞行医生的仆人，他激动地喊道："好了好了，一小时以后飞机就来了。"

"你是说，医生会从天而降，把我孩子的生命拯救过来吗？"悲痛的母亲感到十分震惊。

马车主对孩子大腿进行简单的包扎，以防止失血过多，他抬起头对那位母亲肯定地说道："放心吧，他们很快就会赶来。"

果然，在经历了一段焦急的等待之后，一架载着希望的飞机呼啸而来。飞机落地后，两名身穿白大褂的医生飞快走了过来。他们打开急救箱，里面全都是治疗大腿受伤的药，很快，孩子的病情得到了控制，大约一小时后，男孩终于慢慢地抬起了眼皮，看着自己的妈妈，虚弱喊道："妈妈……"

男孩的父母和马车主一行人站在院子里，目送着这架拯救了一个生命的飞机起飞。男孩的母亲情不自禁地又流下了泪水，她冲着天空中那架像雄鹰一样快速飞过的飞机大声喊道："谢谢，谢谢你们拯救了我的孩子！"

马车主对这对夫妻说："真的很抱歉给你们带来这样的

事情，但是这件事之后，希望你们不管以后出现什么病症，都要去找附近的联系点请求帮助，还有一件事要麻烦你们，希望你们把飞行医生的事情，告诉附近的居民，我还得去另一个镇子。"

这对夫妻把飞行医生的事情告诉所有的村民，他们都对这件事情表示怀疑，他们的反应和这对夫妻一开始的态度一样，都说："难道医生还能从天而降吗？"亲身经历过几次飞行医生的救助后，他们都开始为这一伟大创举深表感激。就这样，这里的人都知道："得了疾病不用再担心，去联系点找寻飞行医生的救助！"

这些都只是澳大利亚内陆一个小地区的故事，地域广阔的内陆地区，陆陆续续又出现了千千万万个联系点，人们都对创造这一伟大机构的约翰·弗林表示感激，感谢他将医生带到了他们身边。

1951 年，71 岁的约翰·弗林因病去世。澳大利亚人永远不会忘记他为改善偏远地区人民生活所做出的毕生贡献。因此，他的肖像被印在澳大利亚 20 元的纸币上。钞票背景中的飞机是用于飞行急救的"维多利亚号"飞机。飞机下方是一个内地乡村急救站使用的脚踏式发电机——给发报机供电，一幅标明数字的人体医学图——用于乡村急救站用发报机向"飞行医生"报告病人的受伤部位。肖像右方是"飞行医生"巡回救治时使用的骆驼队。在飞机的上方是约翰·弗林的手写签名。这样的崇高荣耀代表着国家和人民对"飞行医生"这一伟大事业创始人无比的尊敬。

直至今日，澳大利亚皇家飞行医生服务机构（RFDS）不断繁荣昌盛。根据 RFDS 官网发布的年度报告及其他资料显示，2015 年，建立飞行基地 23 个及一些救助中心；2016 年拥有飞机 68 架，飞行员 96 名，雇员 1225 名，在全澳大利亚参与飞行医生工作的护士、医生达 14432 人。全年帮助伤病患者约 28 万人，平均每两分钟就会帮助一位病人。全年飞机飞行里程达 2615.75 千米，相当于从地球到月球往返 34 次，或者绕地球飞行 600 次。服务地域达 715 万平方千米，相当于澳大利亚国土面积的 80%。飞行医生可以乘飞机在 2 小时内赶到病人的身边，为无数需要救治的病人解除痛苦。

另有资料显示，RFDS 在全国的运转成本大约为每年

3300 万美元，但是飞行医生为病人提供的大部分服务都是免费的，他们的资金主要依靠社会公众的捐款，国家以及州政府的资助。这就使受救治的病人不用为高昂的飞行费用而担心，可以在需要帮助的时候，放心地联络这个机构。对澳大利亚各个偏远地区的伤病患者来说，这真的是天降福音！

约翰·弗林的功德，让人们永远记住了他，澳大利亚的每一个人都为他而感到自豪。20 世纪 50 年代，当时的澳大利亚总理罗伯特·戈登·孟席斯说："飞行医生代表了大概是我们这个时代所见过的、对这个遥远国度最伟大的贡献。"

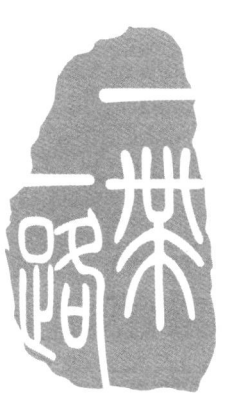

Chapter 07

第一个让青霉素得到应用的人

——弗洛里

第一个让青霉素得到应用的人

弗洛里

未来学家凯文·凯利说："技术的用途，是'用'出来的。"

青霉素是人类一项伟大的科技发明，但在1929年弗莱明公布他的发现后，10余年内都没有引起人们的重视。1941年2月12日，弗洛里用他和钱恩等人研制的青霉素成功地抢救了一名处于休克状态的病人，继而找到了批量生产青霉素的方法，青霉素才真正成为一种"救命药"，并带动了抗生素家族的诞生，最终将人类的平均寿命延长了24岁。为此，弗莱明、弗洛里、钱恩三人共同获得1945年诺贝尔生理学或医学奖。

霍华德·沃尔特·弗洛里（1898—1968年），药理学家，出生于澳大利亚南部的阿德莱德。由于对青霉素的研发而与恩斯特·伯利斯·钱恩以及亚历山大·弗莱明共同获得1945年的诺贝尔生理学或医学奖。弗洛里1917年至1921年在阿德莱德大学研读医学，1924年取得牛津大学硕士学位。1927年在剑桥大学获得博士学位，1931—1934年任谢菲尔德大学病理学教授，1935—1962年任牛津大学病理学教授，其后任牛津王后学院院长，1941年当选英国皇家学会会员，1958 年创办澳大利亚国立大学约翰·卡廷医学研究中心，1960—1965 年出任英国皇家学会会长，1965 年至1968 年在澳洲国立大学担任校监。

1939 年，弗洛里和鲍利斯·钱恩调查自然发生的抗菌物质时，发现了弗莱明 1929 年发表的《发现青霉素》的论文，他们根据弗莱明的论文，提纯了青霉素，1941 年在病人身上成功使用。1943 年 10 月，弗洛里和美国军方签订了首批青霉素生产合同。青霉素在第二次世界大战末期横空出世，迅速扭转了盟国的战局。英国首相丘吉尔称赞："青霉素是第二次世界大战时最伟大的发明。"为纪念弗洛里，设在墨尔本的研究所和阿德莱德大学的医学院，都以他的名字命名。

01 / 坚持医学，不惧辛苦

1898 年 9 月 24 日，弗洛里出生在南澳大利亚州阿德莱德市，他是这个家庭的第五个孩子。父亲约瑟夫·弗洛里是从英国移民到澳大利亚的，母亲玛丽·弗洛里则是澳大利亚本地人。

5岁的时候。别人家的孩子都在玩卡车、火车、机器人模型，弗洛里却对受伤的小鸟、小猫、小狗感兴趣，时不时从外面带回几只流浪猫、流浪狗，小小年纪就对这些小生命这么关怀，足以证明弗洛里从小就对生命怀着敬畏之心。

长大一点后，弗洛里就经常出入家附近的诊所，看医生给病人治病。有一次弗洛里在诊所看到一些病人的身体有大面积的创伤，当时的医疗水平有限，很多时候医生只能建议这些病人去当地的大型医院。可是不久，这些病人又出现在诊所，病情并没有得到缓解，只能通过医生开的镇痛药物来维持。弗洛里非常好奇这是怎么回事，难道他们是没有钱医治吗？他忍不住问了这些病人："这些药能治疗你这样的疾病吗？这些镇痛药怕是没有什么大用处吧？""不是没有钱医治,是医院也没有什么办法。""医院也没有办法，为什么啊？"这个问题困惑了他很多年。

有心的人总会通过努力去解决每一个问题，弗洛里便是这样的人。进入高中后，他更加努力地学习文化知识，孜孜不倦地阅读医学方面的书籍。疾病的产生总会有一定的原因，不能凭臆想来解决一个实际问题，而我们往往需要猜想，然后再去寻找与之相关的解决办法，再研发出相关的药物。弗洛里也明白努力和学习对每一个医学人的重要性。一个人最好的老师便是兴趣，弗洛里一有空他会去医院做志愿者，学习基本的急救知识，也会向医院的医生咨询一些详细的问题。医生看到弗洛里这么努力，非常开心。没有人理解这个男孩为什么会这么辛苦。只有弗洛里明白，这就是他的追求，他的梦想，他最想做的就是从事跟医学相关的工作。因此，还没上大学，弗洛里就已经积累了很多医学方面的经验。

　　有一次，弗洛里的妈妈在整理他的房间时，准备扔掉几个外皮已经破烂的本子。当她轻轻地翻开这些本子时，看到上面密密麻麻记着的都是医学笔记，红的、蓝的、绿的，哪里都是字，还会看到很多插图。母亲瞬间明白，那是弗洛里这几年的积累。刚开始母亲也不能理解儿子的这个行为，医院里消毒水的味道那么刺鼻，闻了都会令人不适，弗洛里是怎么在医院坚持了这么久，还写了这么多的笔记呢？

　　最初，弗洛里怕父母反对，就偷偷地用零用钱买了很多医学类书籍回家，还用报纸把这些书包起来。有一次，吃饭的时间到了。母亲想去喊他，看到弗洛里坐在不远处的长凳上聚精会神地看书，不忍心打扰他。可是1个小时过去了、2个小时过去了，弗洛里还是没有回家。直到天色有些昏暗，看不清楚字了，弗洛里才从外面走回来，此时饭菜已经凉了。母亲心疼地对他说："亲爱的，妈妈支持你的学习，可是你要按时吃饭呀，不能把身体搞垮了呀……"说着说着，母亲流下了心疼的眼泪。弗洛里意识到自己让母亲担忧了，便对母亲说："知道了，我亲爱的妈妈，我以后肯定按时吃饭。"从那以后，弗洛里就再没让母亲因为这类事情而担忧，父母则主动地给他买了很多医学方面的书籍，并时不时给他写一些字条鼓励他。父母的支持，是弗洛里前进路上的无穷动力！

02 ／ 获得"全球本科生诺贝尔奖"

1917年，弗洛里考上阿德莱德大学，毫无疑问，他选择的是医学。

阿德莱德大学是澳大利亚历史上第三所大学，自 1874 年创校以来，一直位居澳大利亚顶尖大学之列。由于长期自学，弗洛里进入大学后感觉压力并不大。在学习之余他开始做研究，跟着相关教课的老师做各种各样的实验。作为一个医学学生，他再不用只靠志愿者的身份去医院与医生交流。学习成绩优秀的他被老师推荐去了医院，开始了不一样的学习。

到了医院后，弗洛里发现自己对于开刀、缝合有些不适应。他买了很多模型，一遍一遍地反复练习，还是不太行。于是，他决定离开医院，回学校攻读病理学，主要研究细菌和霉菌分泌的抗生物质。

有一天，弗洛里去实验室，路上走得太急，撞到了一个女孩，弗洛里扶起她说："女士，对不起，我太匆忙了，深感抱歉，您没事吧？""噢，没什么大事。"说完，他扭头就走了。看着消失在视线里的弗洛里，这位名叫玛丽·埃塞尔的女同学想："还有这样奇怪的人啊？"

又是一天，天空突然下起了大雨。没有带伞的玛丽·埃塞尔不由得埋怨起来。这时，从实验室里走来一个人，打着一把大黑伞慢慢地往宿舍走。玛丽·埃塞尔觉得这个人很有趣，还有一点面熟，就调皮地悄悄钻到了伞底下。打伞的人竟然没有发现，还是自顾自地走着。玛丽·埃塞尔沉不住气了，就轻轻地碰了碰打伞人的手臂。他一愣，不解地看着玛丽·埃塞尔，不明白他的伞下什么时候多了一个人。这个打伞的人就是弗洛里。当时，他的心还留在实验室，脑子里全是各种各样的问题。

　　两人认识后的一天，弗洛里向玛丽·埃塞尔谈起了一个让他感到困惑的专业问题。玛丽·埃塞尔也是医学院的优秀学生，两人就讨论起来，越谈越起劲，进而一起到学校的图书馆进行查阅，分析了很久才从一本文献中得到了答案，两个人欣喜若狂。从那时起，弗洛里好像遇到了志同道合的朋友，玛丽·埃塞尔则被弗洛里独一无二的想法折服。1926年，霍华德·沃尔特·弗洛里和玛丽·埃塞尔结了婚，他们共同生活直到1966年玛丽·埃塞尔去世。

　　大学本科毕业并在大学从事过一段研究工作后，弗洛里再次来到医院，成了当地小有名气的专家。弗洛里放不下科研，因为医院的科研条件有限，弗洛里所有的收入几乎都用在了科研上，他一天里的时间大多是在实验室里度过的。他还经常去图书馆，在那里一泡就是一天。为了节省时间，他每次都会拿着几片面包，一杯水，在一个地方坐着，图书馆管理员都认识了他，还会让他帮着整理书籍，弗洛里对这个图书馆的了解绝对不亚于对自己家里每个物件的摆放。

如痴如醉的研究让弗洛里获得了很多奖励。1924年，他获得了罗德奖学金。全额资助奖学金获得者也就是被称为罗德学者的人可以获得牛津大学的学费、学院费、生活费以及去英国的来回机票，还可以得到使用罗德楼的权力，资助时间最长为四年。奖学金数额因学科不同而异，当时每年每人约为3万英镑或5万美元。罗德学者的评定标准除了优秀的学术表现之外，还包括个人特质、领导能力、仁爱理念、勇敢精神和体能运动。由于声望高，金额多，罗德奖学金是世界上竞争最激烈的奖学金之一，全球录取率是万分之一，被誉为"全球本科生诺贝尔奖"。

获得罗德奖学金后，弗洛里前往牛津大学学习。牛津大学汇集了全世界的优秀人才，对于弗洛里来说，来到这里更是一次绝佳的机会，因为这里有世界上最先进的仪器，最与众不同的思想。1926年，弗洛里以优异的成绩获得牛津大学的硕士学位。

硕士毕业后，弗洛里没有应邀进入报酬优厚的大医院、研究所工作，而是选择在学校继续深造。1926年，弗洛里进入剑桥大学凯尔斯学院。1927年，弗洛里获得剑桥大学哲学博士学位。剑桥大学的哲学博士，不同于其他哲学专业的博士，而是指拥有人对其知识范畴的理论、内容及发展等都具有相当的认识，能独立进行研究，并在该范畴内对学术界有所建树。弗洛里获得剑桥大学哲学博士学位，是对他刻苦努力的嘉奖，也是对他这几年坚持研究的肯定。

03 / 人类历史上第一次将青霉素用于医疗

1931年，正值中年的弗洛里来到位于英格兰谢菲尔德市的谢菲尔德大学，在病理学院担任教师。

谢菲尔德大学由谢菲尔德医学院、福斯学院及谢菲尔德技术学院共同组成，其建校历史可追溯到 1828 年谢菲尔德医学院的成立，合并后经英国皇家宪章认可后，于 1905 年定名为谢菲尔德大学。谢菲尔德大学是英国极具影响力的研究型大学之一，也是世界百强名校。

谢菲尔德大学在医学方面相当有名，1920 年这里的一名教授发现维生素 D 可以预防佝偻病。弗洛里来到谢菲尔德大学病理学院，更是谢菲尔德大学的荣幸。作为老师，他基本功底扎实，在课堂上循循善诱，让学生们折服。作为朋友，他经常和学生们同吃同住，甚至会为了一个问题与学生争得面红耳赤。很快，大家都知道了这个"医学狂人"。

在谢菲尔德大学病理学院任教四年后，1935 年弗洛里回到牛津大学任病理学教授，还被授予"牛津大学林肯学院院士"的荣誉称号。这时，弗洛里的重心不再是教书育人，而是带领团队进行专业性的研究。

1939 年，弗洛里和鲍利斯·钱恩在研究自然发生的抗菌物质时，仔细拜读了亚历山大·弗莱明 1929 年发表的论文。一番激烈的讨论之后，他们决定开始仿照文中的方法以及经验进行实验。

他们做了一次又一次的实验。1940年冬天，钱恩成功地提炼出了青霉素，他激动地找到弗洛里，将这个好消息告诉他，并且让弗洛里亲自观察了一下那数量极少的青霉素。弗洛里激动地观察着容器底部那一点点的东西，高兴地对钱恩说道："你终于成功了，这是我们研究的重要突破啊！"两个人紧紧拥抱在一起。

就在他们继续研究时，附近医院收治了一位严重感染的病人，那是一位43岁的警察。他被送进医院时已经神志不清，处于休克状态。医院采取各种措施进行抢救，都未能见效。碰巧的是，这位患者是青霉素发现者弗莱明的朋友。弗莱明知道青霉素可以治好朋友的病，但他手中的青霉素数量太少，不足以用来治病。于是，他去找弗洛里。1941年2月12日，当弗洛里将研制的青霉素溶液注入这名警察的静脉后，他很快清醒过来，体温也慢慢地恢复了正常，这是人类历史上第一次将青霉素用于医疗。接着，他们又用青霉素治疗了一批被葡萄球菌感染的病人，这些病人也都迅速恢复了健康。

弗莱明立刻将此事告知媒体，而后媒体聚焦于弗莱明，而不是弗洛里。

04 / 促使青霉素批量生产

弗洛里很快就用完了他们研制的青霉素，这也是当时世界上所有的青霉素。继续生产需要很长的时间。如果没有新的突破，要把青霉素推广到临床应用方面还是遥不可及的。

青霉素的成效，引起了美国军方的注意。他们认为，这个实验一旦成功，将会在战场上拯救成千上万名士兵的生命。在美国军方的支持下，弗洛里和钱恩的实验室收到很多外出执行任务的飞行员带回的各国机场的泥土，经过提纯，他们从这些泥土里分离出菌种，大大提高了青霉素的产量。青霉素产量由最初每立方厘米 2 个单位，逐渐增加到了每立方厘米 40 个单位。

尽管距离批量生产青霉素还有很长的路要走，弗洛里依然感觉特别高兴。下班后，他见路边水果店里摆满了西瓜，"这段时间工作进展不错，买几个西瓜慰劳一下同事们吧！"

弗洛里走进水果店，挑选了几个西瓜，交了钱后刚要走，忽然瞥见柜台上放着一只被挤破了的西瓜。这个西瓜的瓜皮有几处已经溃烂了，上面长了一层绿色的霉斑。

弗洛里盯着这个烂瓜看了好久，忽然对老板说："我要这一个！"

"先生，那是我们刚挑出的坏瓜，正准备扔掉，吃了要坏肚子的。"

"我就要这一个。"说着，弗洛里放下怀里的西瓜，捧着那个烂瓜走出了水果店。

"那，那我把刚才的瓜钱退给您吧！"老板举着钱追了出来，但弗洛里已经走远了。老板摇了摇头，有些不解地望着这个奇怪的顾客远去的背影。

弗洛里捧着这只烂西瓜回到实验室，立刻从瓜皮上取下一点绿霉开始培养菌种。不久，实验结果出来了，让弗洛里兴奋的是，从烂西瓜皮里得到的青霉素，竟从每立方厘米 40 单位猛增到每立方厘米 200 单位。

通过一段时间的紧张实验，弗洛里终于发现了可供大量提取青霉素的霉菌，并用玉米粉调制出了相应的培养液。

当时的英国正在遭到德国的轰炸，研究条件非常有限，特别买不到大批生产培养液的玉米。于是，弗洛里和钱恩等人携带菌种来到美国，通过一系列游说，终于获得了美国农业部北部地区研究所的支持，得以继续开展青霉素的研制工作。1943 年 10 月，弗洛里与美国军方签订了首批青霉素生产合同。当年，美国生产了 210 亿单位的青霉素，相当于 21 万支每针 10 万单位的针剂，以一个疗程 10 天 20 针计算，可以满足 1 万人次伤员的救助。

随着一个个瓶颈被突破，美国青霉素的产量开始呈指数增长。1944 年，美国生产了 1.66 万亿单位的青霉素，较 1943 年增长了 80 倍，已经能保证每一名英美联军的伤员能得到青霉素的救治。到了 1945 年，美国青霉素的产量达到 6.8 万亿单位。青霉素的批量生产，挽救了很多濒临死亡的士兵和受重伤的人，为第二次世界大战同盟国的胜利做出了不可磨灭的贡献。当时出现了这样一幅宣传画，上面写着：

"感谢青霉素，让受伤士兵可以活着回到自己的家。"1945年，亚历山大·弗莱明、霍华德·沃尔特·弗洛里、鲍利斯·钱恩三人共同获得了这一年的诺贝尔生理学或医学奖。

弗洛里没有止步于青霉素，而是继续努力，全面总结了抗生素从菌种、发酵到提炼、精制生产全过程中应用的基本原理。因此，除了诺贝尔奖外，他还先后获得了皇家外科李斯特奖章、瑞典贝采里乌斯勋章、英国皇家学会利普利奖章等。还有17个荣誉会员和大学的荣誉学位。1960年，弗洛里出任英国皇家学会会长，1965年被伊丽莎白女王授予爵士爵位并担任澳大利亚国立大学荣誉校长。

1968年2月21日，弗洛里在英国牛津逝世。消息传出，市民们都聚集在广场为弗洛里祈福。入葬的那天，几乎全城人民都赶来为他送行，长长的队伍看不到尾。那一日在弗洛里的墓地上，鲜花把墓碑围了一圈又一圈，很多花只能远远地放在入口的地方。

为了纪念弗洛里对医学的贡献，澳大利亚将设在墨尔本的研究所和阿德莱德大学的医学院，都以他的名字命名。在谢菲尔德大学，还有一把"弗洛里椅"。医学院的学生总喜欢在这里坐上一会儿。每当弗洛里的祭日，他的学生们就会从四面八方赶到这里，看一看老师曾经授课的教室，曾经做实验的研究室，来"弗洛里椅"上坐一坐，以示怀念。

希望我们都能记住这位伟人，记住霍华德·沃尔特·弗洛里！

神秘世界的洞察者

——帕特里克·怀特

在文学的殿堂里，能够获得诺贝尔文学奖是每一位写作者内心最高的理想，它是作家心中最闪耀的桂冠。来自澳大利亚的帕特里克·维克托·马丁代尔·怀特，1973年成为诺贝尔文学奖得主。关于他的获奖理由，官方是这样说的："由于他史诗与心理叙述艺术，将一个崭新的大陆带进文学中。"

帕特里克·维克托·马丁代尔·怀特（1912—1990年），澳大利亚小说家、剧作家，20世纪最重要的英文作家之一。怀特出生在悉尼一个农场主的家庭，在悉尼乡间的农场里度过了自己的童年。1925年，怀特赴英国切尔滕纳姆学院学习，1929年毕业回国，1932年前往英国剑桥大学皇家学院攻读现代语言，1935年毕业。第二次世界大战时期，怀特服役于英国皇家空军情报部门，曾被派赴中东一带工作了五年，1948年回澳大利亚定居，先经营农牧场，后专门从事写作。怀特在剑桥大学求学期间开始文学创作，1935年出版了诗集《农夫和其他诗》。1939年和1941年，怀特相继发表了长篇小说《快乐的山谷》和《生者与死者》。1948年，怀特出版了第三部长篇小说《姨母的故事》。1955年，他发表长篇小说《人树》，受到了国内外读者和评论界的一致好评，有"澳大利亚的创世纪"之称，为怀特带来了国际声誉。随后，怀特又相继出版了长篇小说《沃斯》（1957 年）和《乘战车的人》（1961 年）。怀特的文学作品中，最富有标志性的就是他通篇充斥着一种神秘色彩，他就像一位来自神秘世界的洞察者，用自己独特的思想，用笔写下动人的文字，历久弥坚，永远在文学世界里绽放着别样的光芒。

01 / 少年立志，洞察世界的奥秘

一个热爱读书的人，他们的身上都会具有作家的某些特质：在少年时期，他们就开始对很多事物产生深深的好奇，后来，他们用自己的作品引导着人类如何去探索这个世界。

1912 年 5 月 28 日，怀特出生在英国伦敦。怀特的出生，对他的父母来说特别重要。因为他们已经结婚很久才有了这个孩子。

怀特的父母经营着一家农场。每天清晨或者傍晚的时候，他们总会推着怀特观赏最美的朝霞或夕阳，还带着他去观看农场上美丽的风景。

怀特的母亲是一位非常有生活情调的人，每次她独自推着小怀特去公园散步的时候，经常兴奋地指着一些很美丽的风景向小怀特介绍。虽然怀特那个时候还不会说话，但是每当他听到妈妈的声音时，他总会笑得特别开心，瞪大眼睛，手舞足蹈，似乎想要对这些美丽风景鼓掌。

在这样让人心旷神怡的土地上，小怀特一天天长大。

一天，他和小伙伴们在外面玩耍，突然狂风大作，瞬间乌云密布，他们连忙去找能够躲雨的地方，可是即使这样，他们还是都被雨水淋湿了。回到家以后，怀特生了一场很重的病，母亲守在他的身边，摸着他瑟瑟发抖的身体，说道："怀特，我们以后别去外面玩了好不好？你看看，你都病成什么样子了！你要是有什么三长两短的，妈妈会伤心死的。"

怀特连忙安慰妈妈："妈妈，我喜欢去外面玩，我喜欢看那些花花草草还有小动物们，待在家里，会把我憋坏的，我答应你，下次一定注意安全，要是天气不好的话，我就赶紧去躲雨。"

妈妈叹了口气，答应了怀特。她开始教授怀特许多关于天气方面的知识，即根据周围环境的变化来判断天气如何变化。小怀特对这些神奇的知识特别感兴趣，他逐渐掌握了这些知识，并且从那以后，他再也没有让妈妈为他担惊受怕。而他也因此对这个世界又增加了一份喜爱，因为妈妈用现实告诉了他一个道理："生活处处充满了知识。"

这个大农场里有很多植物和各种家禽，偶尔也能看见别的动物，比如一些当地独有的动物，他看见过大雁成群地从天空中飞过，保持着有规律的队形。他看见一只小鹿蹦蹦跳跳地藏进树林，不一会儿又落荒而逃，在它的后面紧紧跟着一只母鹿，似乎在对小鹿说："慢一点，等等我！"

他喜欢在这片自由的土地上奔跑。再长大一点，他已不再满足于只在自家的农场晃荡，而是开启了探索世界的旅程。周围几家农场的人，都认识了这个不喜欢说话，只喜欢认真观看风景的孩子。

怀特一天天地长大，内心积累的小秘密越来越多，这些神秘的东西逐渐在他的心里构建起一个稳固的只属于他自己的世界地基，这个稳固的地基，为他日后进行文学创作起到了很好的基础作用。

02 / 天才初露锋芒

一个人一生会累积多少经验，我们不得而知，但是我们要想在这个世界上取得成就，就必须确保自己不被"经验"二字掩埋。保持一颗初心，永远拥有好奇心，才是成功的内在核心。

有一天，还没到上学年龄的怀特拿起笔，打算在纸上面写点什么，于是将眼睛看向了爸爸记账用的那一摞厚厚的白纸。

"亲爱的怀特，你为什么将爸爸用来记账的纸到处乱扔，而且上面还写满一些我看不懂的话？"

小怀特不知道该怎么向母亲解释自己的行为，他保证道："我知道了，妈妈，我以后再不会乱扔纸片了。"

果然，母亲再也没有见过地上有乱扔的纸片。同时，她发现小怀特在纸上并不是随便乱画。老怀特发现自己的记账本少了很多页，就去问妻子，妻子莞尔一笑，对他说道："是你的小怀特拿去写东西了。"

老怀特听了之后有些生气，妻子却温柔地对他说道："孩子这么喜欢写东西，说不定是因为他热爱。小怀特从小就不喜欢跟人交流，我还从没有见过他对一件事情如此上心，我觉得我们应该支持他。"听了妻子的话，老怀特的气慢慢消了，他思考了一会儿，对妻子说了句："行，我相信你的感觉，就让他继续写吧。"

1925 年，帕特里克·怀特准备前往英国切尔腾纳姆学院学习。这是英国一所著名的独立中学，创办于 1841 年，进入这所学校必须通过严格的入学考试。父母很着急，怀特握住父母的手安慰道："放心吧，爸爸妈妈，我有把握能考好的。"入学考试成绩公布后，怀特是那批孩子中成绩最高的一个。

在这所学校，怀特学习生活了 4 年，他努力和老师同学交流，上课时积极发言，下课后非常热衷于去图书馆阅读各类书籍，这些都是以前从没有接触过的，因此他的视野开阔了很多，并且他的英语水平更加渐入佳境，这为他后来从事英文写作打下了坚实的基础。

在这里，怀特遇到了一位专门教授英语的好老师。他非常喜欢这个认真努力的学生，因此上课时经常会问怀特问题，每次怀特都能流利地回答出来，这让英语老师很高兴，一次课后，他把怀特叫到自己跟前。

"你为什么要这么刻苦地学习英语呢？难道你以后要定居在这里吗？"

"我不在这里定居，但是我觉得学会英语以后，就可以把自己想说的东西，更好地说给更多人听。"

1929年，17岁的怀特回到澳大利亚，已经是一个充满朝气的青年。这时的他越发感觉自己对文学充满无比的热爱与追求，他认为英国的文学氛围极其浓厚，有利于自己写作水平的提高，因此他在澳大利亚学习生活了3年后，再次前往英国求学。1932年，怀特进入剑桥大学皇家学院研读现代语言，开始系统地学习文学创作。

他为自己定下了一个出版诗集的目标，然后就开始朝着这个目标坚持不懈地努力。

一天，怀特在外面采风，为自己的诗歌收集素材。他走在田间地头，近距离地接触大自然，他看到很多农民在辛苦地耕种。太阳高高地挂着，温度很适宜，微风轻轻吹过，一个农民的帽子被风吹落，掉进农田边的小溪里。农民连忙去小溪里捞帽子，可是一不小心跌进了水里，捞到帽子之后，已经全身湿透，嘴里还不断吐着水。在一旁边劳动的伙伴们看到他的样子，都忍不住笑了起来，而那位全身湿透的农民也开心地笑着，并没有因为这次的遭遇而愤怒。

怀特在一旁观看着这一幕，被这一极其富有生活味道的画面深深吸引并且被打动。发生的这一切，在怀特看来都很有诗意。他连忙在自己的本子上写下此刻内心的想法。回到家，他连夜将这首诗歌完成。这首诗歌得到很多人的称赞，他们都称赞怀特将来一定会是一位伟大的诗人。怀特并不骄傲自满，因为他之所以写诗，只是为了表达自己，从来都不是为了要实现功名利禄。

他开始更加频繁地外出采风，积累了更多的素材，而他也用自己天生就富有灵性的心，将这些素材用诗意的文字表达出来，转换成一首首诗歌佳作。

1935 年，怀特出版了自己的诗集《农夫和其他诗》。这部诗集是他在剑桥大学求学时期的毕业作品。但那之后，他开始反思，认为自己对于诗歌已经不再有热情，很难再有好的作品，于是对自己的文学创作方向做了调整。

在那之后，怀特开始改写小说和戏剧。这位天才少年在初露锋芒后，转而进入了潜伏期。怀特一直信奉"艺术来源于生活"，认为只有经历一定的生活历练后，才能写出最真实出彩的作品。

03 / 在动荡岁月坚守最初的梦想

1935 年，是帕特里克·怀特的文学创作元年。这一年他大学毕业，选择继续留在伦敦，接受这里浓厚的文学熏陶，同时开始写小说。

在处女作的创作时期，他去欧洲的许多国家进行游历，甚至还去了美国，去感受那里自由独立的思想。同时，他还阅读了一系列英国、法国和德国的优秀文学作品，欧洲文学中静谧典雅的特点深深影响着他的创作思维，而乔伊斯、沃尔夫和劳伦斯等当代作家都被他视作文学创作的引导者，是他文学生命里的灯塔，指引着他不断地勇往直前。

怀特游历四方，积累了大量的文学创作素材。在游历途中，他把看见的具有当地特色的风土人情都记录在随身携带的小册子上。他喜欢和当地的穷苦人坐在一起聊天，谈论生活，感受他们对生活的态度。他认为，社会最底层人对人生的想法，往往是最真实、最有价值的。

准备了数年之后，他于1939年和1941年接连发表了《幸福谷》和《生者与死者》两篇长篇小说，但是反响平平，这让初入文坛的怀特深受打击，一度陷入创作的瓶颈无法突破。于是，怀特开始反省自己，开始思考问题到底出在了什么地方。

他认为，自己在语感和写作技法上是绝对能经受得住考验的，那么作品不能引起关注的原因可能是自己叙述的故事和传递的思想没达到一定的高度。

一天，诺贝尔文学奖公布了获奖者名单，获奖作家正是怀特在欧洲游学时最喜欢的作家之一。他对比获奖作家的作品和自己的作品后发现，他书写的一直都是别人的故事，没有加入自己的心境。他从中汲取到了灵感，开始了新的创作，可是写到一半的时候，回头再看自己的作品，发现依然没有达到可以让人为之称赞的高度，他将已经完成一半的书稿撕毁，开始陷入思索。

然而时代没有给怀特机会去好好思考这个问题，第二次世界大战的战火开始蔓延。他应征入伍，服役于英国皇家空军情报部门，被派往中东一线工作，一待就是5年。他亲历战火给人们带来的苦难，为此陷入了沉思：为什么我们要爆发战争？

即便工作繁重，生活条件艰苦，他始终秉持着一个作家真正的操守，坚持把每天脑海里的想法记录下来。

一些同事嘲笑他："怀特，你一个男人，怎么还有小姑娘一样的爱好，喜欢记日记？"

怀特不知道该怎么和他们解释，只是摇摇头不说话。在他的心里，成为一名作家，抒发内心对这个世界最真诚的想法，描绘一幅幅波澜壮阔的生活画卷，是一直坚持的梦想。

虽然外面炮火连天，却没有扰乱他内心的平静，他思考着生命的意义，思考着苦难到底会对人产生怎样的影响。怀特从不憎恨苦难，而是感谢它，正是人生中发生的苦难，让他感受到自己是真实存在的。

帕特里克·怀特在战争岁月里，不断思索着到底什么才是生活的本质，什么才是人生的价值。在这样的时光里，他很孤独，陪伴他的始终只有笔下的那些人物，他与他们同呼吸，共命运，一同思索着生命的价值，寻找着人生的答案。

1948 年，战争终于结束了，他选择回到自己的祖国澳大利亚。起初，他继承父亲的农场，担任新的场主，辛勤劳动，把农场打理得井井有条。他在家乡和一位善良的姑娘结婚，并且在一年后拥有了他们爱情的结晶。在旁人看来，怀特已经过上了幸福美满的生活，但是怀特觉得这并不是他想要的生活。于是他把农场租借给别人，正式成为一名职业作家，开始了专职写作。

怀特的妻子非常支持丈夫的写作，她把家中的一切事物都打理得特别好，让怀特可以安心地创作。他不止一次地对妻子说："真的太感谢你了，你是一个伟大的女人，我这一生都会永远爱护你，珍惜你，我的事业如果可以取得成功，那么里面的功劳，有一半是属于你的。"

妻子笑着握住他的手说："我不要什么功劳，我欣赏你的事业，并且我和孩子都为你而感到骄傲。继续坚定地写作吧，我相信你，总有一天你会写出伟大优秀的作品出来。"

家人的支持和鼓励，给了怀特巨大的能量，他开始以一种更加饱满的精神态度，朝着写作的道路勇往直前。

人的一生中，总能遇见那些陪伴自己追逐梦想的人，陪伴是最宝贵的东西，它给我们带来催人奋进的力量，让我们在无数次对理想失望，想要放弃的时候，因为有人陪伴，因为他们一个眼神，一句简单的话语，让我们再次拥有相信自己的勇气，继续朝着梦想奋斗！

04 / 突破创作瓶颈，开始铸造传奇

每个人都会找到自己愿意为之奋斗一生的事业，对于帕特里克·怀特来说，成为一名更好的作家，就是他的终身梦想。他一步步朝着梦想努力，只为将心中的世界用文字表达出来。

在决定安心写作后的日子里，怀特回顾自己前两部长篇小说的创作过程，猛然发现，自己将那些文学大家视作灯塔的做法虽然很正确，但是在创作过程中，描绘的内容都或多或少受到他们的影响，包括欧洲文化，对他也产生了巨大的影响。虽然这些影响对培养怀特的文学素养是极有好处，但是在他开始文学创作时却带来了极大的束缚。

怀特翻阅那些文学大家的成名之作，试图探究他们成功的秘诀。最终他发现，文学大家在写作手法上都有各自的技巧，并没有谁比谁更高明。他们的作品之所以在浩瀚的文学海洋里经久不衰，最根本的原因是他们笔下的故事，都有自己本国浓厚的地方特色，有一方自己可以尽情发挥

的天地。

怀特对照自己之前的作品，发现他最缺乏的是自己的特色，于是，他在纸上写下自己今后创作的目标："从本国特色出发，做一名这个神秘世界的洞察者！"

接着，他又开始了沉寂。在文学世界里，帕特里克·怀特的名字已经渐渐被人们遗忘，他的作品也无人问津。事实上，怀特一直在潜心创作，他以澳大利亚这片具有神秘色彩的土地为出发点，观察周遭每一个生活在这片土地的人，最终将描写对象定位到澳大利亚的拓荒者身上。在他眼中，拓荒者身上所具有的奋斗精神，是最能代表澳大利亚人的品质的。

他昼夜不停，笔耕在自己的心灵纸上，想让全世界都知道在澳大利亚有这样一群人。他想用文学作品这一艺术手段把拓荒者艰苦卓绝的开拓精神、不断改善的生活境况，以及他们独特的内心世界展现在世人面前。

为了使自己的小说更具真实性和代表性，怀特来到拓荒者的居住地，长期与拓荒者一起生活、一起工作、一起谈天说地。只要有时间，怀特就把构思好的故事情节写下来，接着是不断地完善、改稿，常常因为已经写好的章节不够理想，又全盘推翻，重新开始。

就这样，怀特花费了7年时间，《人树》这部长篇小说终于问世。这部作品不仅完整真实地展现了拓荒者史诗般波澜壮阔的生活画卷，还将澳大利亚的风土人情、地域特色以及人们的生活方式和社会形态都描写得淋漓尽致。小说一经出版，就受到无数读者和评论家的追捧。有人评论称："怀特的这部小说，将全世界的目光都投到澳大利亚这个神秘的国度，而他通过这部小说，证明了自己是一个真正具有洞察力的作家。"国内外的媒体和书评家争先在公开场合称赞这部伟大的小说，称《人树》为"澳大利亚的创世纪"。这一称号，使怀特开始有了更高的国际声誉，进入世界一流小说家之列。

两年后，怀特又发表了一部名为《沃斯》的长篇小说，这是以一位试图横跨澳大利亚的德国探险家莱克哈特为原型，以他的真实经历为蓝本，穿插澳大利亚神秘的自然风光和地貌特征，将读者的心紧紧拴在这片土地上，感受着它跳跃的脉搏。

1961 年，在怀特发表的长篇小说《乘战车的人》中，他描述了一群穷困潦倒又行为乖张的侨民，暗喻当时政府推行的一些不公正的对待侨民的政策。他在小说中把这些侨民的生活状态和内心世界刻画得非常独到，使读者能够感同身受，深深地与小说的人物一起同呼吸，共命运。

这些小说也受到人们的一致好评，但是面对潮水般涌来的鲜花与掌声，怀特并没有迷失自己，他继续在文学创作的道路上探索，寻求艺术上的再次突破。

一次与其他作家进行创作交流的过程中，他对一位作家说："我现在正在寻求一种新的写作手法，来更加深刻地将人性与现实真实的一面表达出来，可是我不知道该怎么运用手法，因此这几天一直有些困惑。"

那位作家有些惊讶："亲爱的怀特，我奉劝你还是不要再换写作方法了，难道你这两部著作的成功，不足以告诉你，你现在的写作手法是很被人认同的吗？与其浪费时间去换自己的方法，不如抓紧时间多创作几本小说，以你现在的名声，写完一本，绝对会大卖。"

怀特非常不认同他的说法，他认为作家的目的不应该是为了金钱利益，而应是吐露真实的想法，一颗真实的心被金钱蒙蔽之后，写的小说怎么可能还会拥有让人信服的文字力量。怀特有些生气地离开了这位作家的家，不再和他来往。

回家的路上，他看见一位流浪汉正在诉说自己的伤心往事，很是让人动容，但是流浪汉说着说着，突然哈哈大笑起来，围观的人都认为这个人疯了，可是只有怀特不这样想，他感觉流浪汉突然的笑，虽然和他诉说的伤心事不符，但是却有了一种荒诞美，让他感觉这个流浪汉更加可悲。他的内心翻江倒海，像是拥有了一种特殊的力量，他激动地握住这个流浪汉的手，给了他很多钱，然后一边喊着"谢谢"，一边飞快地往自己家里奔跑。

回到家中，怀特久久不能平复自己的心情，那个流浪汉的突然一笑，在他脑海里面久久不能散去。想了一会儿，他有了自己的写作方向，于是拿出笔和纸，开始了写作。怀特以一种看似荒诞的写法来记述一对孪生老人的故事，他们的一生是痛苦的一生，按照常理这个故事应该属于悲剧的范畴，但是怀特却运用了喜剧的手法来加以描述，使老人们的痛苦变得深刻而又极具内涵，揭示了苦难的价值和意义，给读者带来了极大的心灵冲击。

在怀特的笔下，小说里涵盖了社会上所有的人物，有商人、老师，有穷人、富人……中国有句老话叫“问渠哪得清如许，为有源头活水来”。正是怀特敏锐的洞察力和惊人的耐力，他的创作生涯才变得具有生命力，使他一直活跃在公众的视野中。在写过很多不同职业的人之后，怀特又写了一部记述一位艺术家生平的长篇小说《活体解剖者》，他在其中加入了很多自己对艺术家的看法，让普通人更加了解艺术家的生活状态和精神世界。

这些还只是怀特文学创作迎来大爆发时期的一部分作品。1964 年，他出版了一部名为《烧伤的人》的短篇小说集，其中收录了他创作的《不准养猫的女人》等 11 篇短篇小说，除此之外，他写的剧本也不乏很多精品，包括 1961 年的《汉姆的葬礼》、1962 年的《沙萨帕里拉的季节》等。他通过大量不同题材的作品，构建了一座带有他个人标签的文学王国，而他是这个王国里独一无二的国王。

从最开始那两部长篇小说的反响平平，到他终于打破创作的瓶颈,开始铸造一部部澳大利亚的传奇。帕特里克·怀特已经当之无愧可以称得上是最好的作家，因此，当怀特在 1973 年摘得万众瞩目的诺贝尔文学奖这一桂冠时，官方称他为"把一个新大陆带到世界的人"。这无疑是对他的最高评价，也是他后来坚持以澳大利亚这片神秘土地为创作源泉的成功表现。

帕特里克·怀特是幸运的，他及时调整了文学创作的方向，这才有了他之后惊艳世人的成就。因为他善于将自己完全融入这个神秘世界里，但又没有迷失在里面，而是能够洞察这一切，经过自己不懈的努力和追求，最终赢得创作的成功！怀特虽然只是一名作家，但是他取得的成就所带来的深远影响，却远远不是几部小说那么简单。通过这些小说，人们得以更加了解澳大利亚这片土地上所发生的事情，及其背后的秘密。怀特是一个洞察者，更是一个解密者，全世界都为他的成就而瞩目，他是一名真正的作家！

05 / 功成名就，却也备受争议

每一个人在他人心中都是褒贬不一的，帕特里克·怀特也是如此。在他取得了辉煌成就的同时，随之而来的有鲜花和掌声，也有非议和谩骂。

尽管怀特的作品获得了很多殊荣，并且他本人也被誉为一名优秀的作家，但是，关于帕特里克·怀特创作的小说，一直以来都饱受争议。支持他的人赞扬他独特的写作方法，认为他能够随时在故事情节和意识流之间进行转换是一个伟大的创新；不支持他的人，认为他的小说晦涩难懂，只能算是自说自话，算不上真正的小说，只是人们拿来娱乐消遣，打发时间的粗制滥造之作。

怀特不时收到读者来信，有人极力称赞他的作品，有人非常反对他写小说的方法。助理问他："怀特先生，你为什么每次写的小说，都那么晦涩难懂呢？既然你是创作小说，服务对象就是读者，应该尽量让他们看懂才对啊？"

怀特一边看着那些来信，一边笑着回答道："我并不是故意写得这么晦涩难懂，这一切都是我内心最真实的想法，我认为我们生活的世界和生活的本身，都是极其晦涩难懂的，我并不想误导我的读者，告诉他们这个世界是多么简单，而是想要让他们知道，这个世界不管有多难，只要我们认真地思考，勇敢地奋斗，我们就能战胜生活。"

助理听完以后叹了口气："哎，怀特先生，你的思想真是太独特，太伟大了，作为你的助理，我一直没有了解你真正的创作意图，我现在终于明白了，你写的就是生活本身啊，既然如此，怎么可能那么简单易懂。"

怀特微笑地看着他的助理，说道："所以，以后不管读者来信写得多么难听，我都不会计较，那些看懂我小说思想的人，才是我们真正的服务对象。一个作家不应该去迎合读者，读者也是人，真实的人，他们应该去思索自己人生的目的，我会更加努力，延续这个创作思想的。"

对于这些褒贬不一的评价，怀特从来都不受影响，他坚持自己的创作风格，不为人们不认同而改变，每天依旧在思考自己到底想要什么。

有人说，他所创作的小说是只有他自己才明白的天书，属于私密性的小说。但他在小说中娴熟地运用了叙述角度自由切换及意识流等高级手法，使得作品超越平庸，获得极大的成功。评论界公认他是当今世界上富有才华并卓有成就的作家。

他的作品，真正做到了"艺术来源于生活，却高于生活"。因此，即便他的小说再难懂，一旦他有了新书，总会有大批粉丝想去见他。

1990年9月30日，在悉尼市郊百岁公园寓所里，78岁的怀特因病去世，留给他最忠实的读者深深的遗憾，但是他同时也收获到他们真切的祝愿。

一颗伟大的行星最终坠落，完成了自己一生的飞行任务，降落到最安静的角落。他虽然离开了我们，可是他留下的那些优秀小说，将代表着他，更加长久地生活在这个世界。作品是他生命的延续甚至是升华，如同一朵盛开的鲜花一般，永远不会凋零，永远给人们带去思想的芬芳。

怀特这一生，是不断思索的一生，他每天都发出由衷的感叹。怀特认为自己创作一个故事是多么不容易，但是时间却了无痕迹，轻轻松松就上演了一幕幕的故事，他说："时间才是真正的作家，而我们每一个人都是由时间任意摆布的。"

有一本书这样说："当你下定决心要做一件事情的时候，全宇宙都会给你让路。"虽然有些夸张，但是纵观怀特波折的一生，他无疑就是这句话所说的那种人，一旦下定决心，就一定要把它实现。成为一名作家，为人类文化宝库添加一部部有意义的文学作品，就是他生命存在的意义。

澳大利亚首位华裔女部长

——黄英贤

中国有句老话，巾帼不让须眉。在澳大利亚历史上，就有这样一位女部长，她是首位亚裔女部长，也是首位华裔女部长。她留给大多数人的第一印象是做事雷厉风行，敢闯敢拼。年轻有为是她的代名词，谦虚低调是她的标志。她，就是黄英贤，曾任澳大利亚吉拉德政府金融部长。

黄英贤（1968—），生于马来西亚。父亲是当地华侨建筑商，母亲是澳大利亚人。1977年，8岁的黄英贤随父母移民澳大利亚。后来进入澳大利亚阿德莱德大学学习艺术和法律。她在大学期间积极参与政治活动，曾进入澳全国学生联合会领导层。1988年，黄英贤加入工党，翌年当选工党州大会代表，1992年大学毕业，1993年取得律师资格。1995年至1996年，黄英贤成为新南威尔士州州政府的林业政策顾问。此后，她为一家工会担任法律顾问。2001年，黄英贤参加参议员选举并成功当选。2002和2007年，黄英贤先后成为澳大利亚首位华人上议院议员和内阁部长，2017年成为澳大利亚工党影子内阁外交部长。黄英贤一直活跃在澳大利亚政坛上，为澳大利亚的内政外交工作，做出了杰出的贡献。

01 / 智慧的象牙塔

1968 年 11 月 5 日，黄英贤出生于马来西亚基纳巴卢。

黄英贤的父亲黄义生是一名建筑师，20 世纪 60 年代，黄义生获得澳大利亚的奖学金，求学期间，他与一位美丽的澳大利亚姑娘珍尼查曼相识相知，并且迅速坠入了爱河，很快他们结了婚。黄英贤的降生为这个家庭增添了新的活力，年轻的父亲用模型给女儿做了一个公主的城堡，而黄英贤整个房间的设计充满了中国特色。

黄英贤在马来西亚度过了自己快乐的童年。8 岁时，黄英贤与父母一同移民到澳大利亚。

由于父亲是华人的缘故，她从小就受到中国传统文化的熏陶，甚至还知道德智体美劳全面发展才是优秀的好学生。这样的教育使得她的性格十分内敛、谦逊。她的父亲不止一次告诉她："别人可以拿走你的一切，但不能把你所受的教育拿走。"父亲对黄英贤的教育在她一生中都起着非常重要的作用。每次遇到困难，黄英贤都喜欢跟父亲聊一聊，宽厚的父亲特别乐观，传达给黄英贤的都是坚强、坚持、勇敢、执着。善良的母亲更注重黄英贤的素质教育，在仪表方面给黄英贤树立了榜样。母亲这样的培养，使年幼的黄英贤非常懂礼貌，她的谈吐优雅，仪态大方，邻居们都很喜欢这个姑娘。作为一个有着中国血统的姑娘，从骨子里散发着中华传统美德，而黄英贤自己也在公开场合不止一次地说过："我十分珍惜家庭和文化根基，我对我的华裔血统感到十分骄傲与自豪。"她为人低调，在学校参加了很多志愿者服务，一有空就会去附近的养老院、福利院、医院做志愿者。她也常默默帮助同学，比如每次需要值日的时候她总是会留下来，主动擦黑板，跟同学一起打扫教室卫生。她非常勤劳，自己的房间收拾得井井有条，很有大家闺秀的风范。她的学习也同样优秀，虽然常有很多问题，但是并不特别依赖老师，而是经常去图书馆自己寻找答案。在那里，黄英贤建立了自己的小小世界。她喜欢静静地坐在图书馆看一下午书，然后带着满满的知识回家，回家后她还会跟父亲交流探讨。父亲非常赞赏她的这一行为，并且鼓励她以后要继续这样做下去。黄英贤也很喜欢跟着母亲做家务，学习做饭，很多时候，黄英贤会主动给父母做饭，父母也每每夸奖她厨艺好。这个家庭一派祥和。

可是在那个时候，华人的处境非常尴尬，更何况黄英贤8岁才来到澳大利亚。起初，她并不能理解，为什么华人居住的房子上会被人随意涂鸦；为什么路上看似友善的小伙伴会向华人小朋友扔石子、吐口水，还说脏话嘲讽；为什么自己偶尔会被孤立；为什么那些姑娘们一起游戏，一起聊天，但就是不愿意和自己玩？渐渐地，当她看到身边有很多这样经历的孩子时，她开始慢慢明白，他们大都是来自其他国家的"异乡人"，正是因为和当地人的不同肤色，才受到他们的不公正对待，这激起了她内心的愤怒。黄英贤将愤怒转化为努力学习的动力。黄英贤有着从不服输的性子，发誓一定要改变这一局面。可是在当时，这又是何等困难的一件事。

通过目睹和亲身经历的这些，黄英贤暗暗下定决心，长大后一定要从政，要从制度上、从法规上改变这一状况，倡导人人平等，让每个人都接受同等的待遇，无论他们是什么肤色，拥有什么样文化传统，说什么样的语言，他们都有权在这片土地上幸福美满地生活。有时候黄英贤也会羡慕那些同龄的孩子们，他们与她都享受着同样的国家待遇，可是她却不能融进他们的生活，每次只能远远地看着他们结伴回家，自己只能孤零零的一个人，而正是因为被孤立，让黄英贤学会了独立思考，倾听自己的声音，也坚定了黄英贤内心想要改变这一状况，想要为这些人做些什么的决心。

黄英贤开始更加努力的学习。当她再受到嘲弄时，她不会因此而难受，而是更加坚定了自己的理想。慢慢地，没有人再来打扰她，她得以安心地学习。她的学习成绩从小就十分优秀，来到澳大利亚后她也没有放松过，一直坚持着良好的学习习惯。老师们都大加称赞这个懂事好学的"异乡人"。每次期末时，她的社会实践也高居榜首，很多社团都争着要她加入，因为大家都知道这个黑头发黑眼睛的姑娘特别勤奋，愿意干最脏最累的活儿，从不乱发脾气，最重要的是她还有一颗真诚的心。

在当时澳大利亚，很多十几岁的孩子会在初中毕业后早早步入社会。或者说是终止学习。学校更强调学生的参与精神，以培养学生的自主学习能力和实际工作能力为主。所以即使学生在很小的年龄便离开了学校，也具有很强的动手实践能力。对于黄英贤来说，这样的能力她早已经具备。

但是对于黄英贤而言，她并不想早早地离开学校。她意识到只有进入更高的学府，才有机会进入政界，才能做一些自己想做的事，才能为正义事业而战。因此，她凭借着优秀的成绩，以及老师的评价，顺利地进入了更高等的学府。

进入高中，黄英贤的眼界又开阔了许多。在澳大利亚的高中，学校往往将职业技术培训加入学习过程中。但是，澳大利亚的学习多以培养学生的兴趣与能力见长，黄英贤于是选修了艺术。黄英贤十分痴迷于艺术学习，她精通很多乐器，画画功底十分扎实，字也写得很漂亮。

高中毕业后，黄英贤又以优秀的成绩考上了阿德莱德大学学习艺术和法律。阿德莱德大学是澳大利亚历史上最古老的大学之一，更是世界百强大学。阿德莱德大学优良的传统，创新和高质量的科研以及优秀的教学都为学生的学习提供了保障。在这样的大学里，师资力量雄厚，教学环境优越，培养的是综合素质过硬的优秀人才。众多政界、商界名人也出自阿德莱德大学。还有一些小制作，比如说悉尼奥运会的火炬是由阿德莱德大学的工程学院设计的。

在阿德莱德大学学习的几年，黄英贤坚持刻苦学习，经常去的地方便是图书馆。阿德莱德大学的图书馆是南澳大利亚最大的。在这样一个大型的图书馆，不仅本校教职人员与学生能够徜徉于知识海洋中，而且其他院校学生，甚至当地居民都可以在图书馆借阅，学术氛围特别浓厚。另外，在北台地校区还有两个专业图书馆：一个是法律图书馆；另一个是长者音乐图书馆。黄英贤主修法律，图书馆的便捷条件也为她提供了支持。每当在学习上遇到阻碍，她就来图书馆，寻找能够帮助自己解开疑惑的图书。她的专业成绩一直非常优秀。她去图书馆除了查阅专业知识外，也会抽时间阅读一些文学作品，让自己的思维更加发散，使自己身上具有一种艺术家的气质，变得更加知性。

大学期间，黄英贤就加入了工党，没过多久她就成了工党的州大会代表。她在大学期间就已经积极参与政治活动，也曾经进入澳全国学生联合会领导层。1992年，黄英贤研究生毕业，毕业后的第一年就获得了律师资格证，1995至

1996 年，她开始了第一份工作——在新南威尔士州州政府担任林业政策顾问。新南威尔士州是澳大利亚人口最多、工业化和城市化水平最高的一个州。在这里，农牧业、农畜业非常发达。新南威尔士州也是澳大利亚环保行业的中心。黄英贤带领着她的团队为新南威尔士州的林业区建设做出了极大的贡献。一个城市，需要环境作为人民健康的保障，而大片林区的茁壮成长更是每个人最美好的希望。之后，黄英贤在一家工会担任法律顾问。在处理相关事务的同时黄英贤也充分接触政务，这对黄英贤的迅速成长来说是一个很好的机会。

传统的中国教育，使黄英贤更坚定了正义之路。更高等的教育，使黄英贤逐步明确什么才是实现梦想的途径。努力和汗水，终究会换取成果。汗水浸润的都是未来成功路的基石。黄英贤成功地将一只脚踏进政界，而之后她更加努力，开拓着心中的那条正义之路。

02 / 为了心中的那份公正

　　2001年，黄英贤获得了这一年参议员的选举机会。激动之余，黄英贤开始了积极紧张的备战。参议员的选举实行比例代表制。每个选区按照各政党候选人名单获得票数的比例，在参加选举的各党中分配议席。而这样一个机会对于刚毕业不久的黄英贤来说更是来之不易。很快她便对这些制度了如指掌。在新南威尔士州，竞选最主要的就是民众的选票支持，黄英贤开始筹备演讲稿，从她为什么要参选，要怎么做，都一一写在了纸上。因为对竞选抱有极大的热情与信心，演讲稿很快就烂熟于心，一到人多的地方，黄英贤就抓紧一切机会进行演讲，民众的反应也很热烈，这就使黄英贤更加坚定了参选的信心。竞选是一个苦差事，每天天不亮黄英贤人群密集的地方进行演讲。有时候，黄英贤也会感到力不从心，因为要去演讲的地方实在太多了。而随着所到之处越来越多，越来越多的人都听到了黄英贤的声音，人们越来越相信这个姑娘。很快，选举如期举行，选举结果将要宣布的时候，黄英贤紧张得坐立不安，总是踱来踱去。妈妈看到女儿这样，起身紧紧握着女儿的手，这样的力量给了黄英贤心里的平静。消息传来，成功了！黄英贤紧紧抱着母亲，泪水从脸上滑落。这几个月她太辛苦了，东奔西走，到各地进行演讲，也有很多敌对的人对她进行威胁和攻击，而这个年轻的姑娘挺了下来，取得了最终的胜利。

所有的努力都是值得的。2002年，黄英贤成为澳大利亚首位华裔女参议员，开始真正踏入政界，向着自己最初的梦想更近了一步。

一个阳光明媚的午后，黄英贤走在路上，鸟叫蝉鸣，花香四溢，闻着这样的气味，看着眼前如此静谧的景象，黄英贤觉得特别安心。但是在走到街口的时候，一群小孩子引起了黄英贤的注意。一群孩子围在那里。他们在干什么呢？走近看，一个黑眼睛、黑头发的男孩被一群白人小孩围住了。男孩用英语喊着："你们干什么？"熟悉的乡音传了过来，黄英贤赶紧冲过去，大喊："住手！"随即围着的小孩儿一哄而散，黄英贤抱住了男孩，抚摸着男孩的脑袋，说道："没事了，没事了。"男孩的眼泪顺着眼角慢慢地流下，轻轻抬起头，天真地看着黄英贤说："阿姨，为什么他们要这样对我？"黄英贤说："宝贝，没事，都会好起来的。"看着男孩离开，黄英贤心中起伏不定，我要做些什么，我该要做些什么了。

17岁那年，黄英贤曾作为交换生前往巴西学习一年。在那里，巨大的贫富差距带给黄英贤极大的触动。更让她震惊的是，当地政府并没有推出相应的政策来改变这种现状。黄英贤因为自己的童年经历而一直对弱势群体保持着同情，在巴西学习生活的这一年，她对政治有了自己的认识。她认为，同情和仁慈应该是一切政治的基础，国家应该对社会上的不公平做出反应，为铲除不公正做出努力。

此后，黄英贤开始积极奔走，努力为社会上的弱势群体赢得哪怕只有一点点的公平待遇，而她的这一努力，也受到很多人的认可与尊敬。在进入澳大利亚上议院的第三年，即2005年6月，黄英贤当选工党影子内阁负责就业的劳工部部长，同时兼任负责企业事务的部长。第二年，她又兼任了负责公共管理和问责事务的部长，在这期间，黄英贤的才能得以充分展现，她也被当地媒体形容为"澳大利亚政坛一颗冉冉升起的智慧型新星"。

澳大利亚前总理陆克文在竞选期间，也关注到这位才能出众的女性，他将黄英贤招入自己麾下，任命她为工党竞选委员会的发言人。

黄英贤为了让这些发言更加具有感染性，四处奔波，与最基层的群体生活在一起，了解他们内心的诉求，并且将它们总结出来。她将自己一直以来所努力的消除不平等的夙愿也加入演讲中，赢得公众的一致认可与好评，最终工党得以获胜。这一切都与黄英贤的努力是密不可分的。

工党竞选成功后，立下汗马功劳的黄英贤顺利进入政府工作。2007年11月24日，联邦大选，工党以压倒性的优势获得胜利，11年来首次获得组阁机会。陆克文出任总理后，任命黄英贤为气候变化和水资源部部长，她也成为澳大利亚历史上第一位华裔女部长。

黄英贤的仕途看似一帆风顺，平步青云，这一切都源于她对公平正义的追求，她所做的全部努力都是为了自己最初的梦想，那就是扫除这个世界所有的不公正，让每一个生活在同一片蓝天下的人都平等地生活在一起。

03 / 顽强面对一切磨难

　　黄英贤在回顾自己的成长历程时曾经说过，祖母是她一生最敬重的人，也是她所见过的最坚强的人。

　　祖母是一位生长在马来西亚的客家人。当第二次世界大战的战火蔓延到这片土地上的时候，祖母失去了许多亲人，只剩下她和她的孩子们，面临着贫困交加的处境。但是她没有就此向命运低头，而是勇敢、坚强地同噩运进行斗争，终于将自己的几个孩子全都抚养成人。黄英贤继承了祖母的顽强品质，她在澳大利亚参议院的首次演讲中，也提到了祖母对自己人生的重大影响。

　　2002 年 8 月，黄英贤以新当选参议员身份首次在澳大利亚参院发表演说时，就以祖母的人生经历和祖母对她的影响开题。她说，她从祖母身上学到了坚韧和不屈不挠的精神，"我的祖母是身材矮小的女性，但充满不屈不挠的精神。她是客家人，是我祖父的第二个妻子。当第二次世界大战蔓延至马来西亚时，她和家人住在山打根地区"。黄英贤说："家里大部分人死于战争，她只能凭借超乎寻常的毅力和生存欲望，独自一人面对无法形容的困苦境地，抚养我的父亲和其他孩子……她没有什么文化，也没有什么身份地位，但她却是我见过的最坚强的人。她的孙女如今站在这里会让她感到骄傲，或许也会让她感到些许惊奇。"

黄英贤的父亲黄义生，在她很小的时候就给她讲述中国传统文化，非常重视对她的教育，把正确人生价值观传递给她，用中华文化浸染她幼小的心灵，使她变得知书达理、温文尔雅。

她的母亲珍尼查曼，是一位富有爱心的女性，她教会黄英贤要对别人充满爱心，教会她要有幽默感。这些优秀品质也在后来影响了黄英贤的人生。

对于这些在成长过程中给予无私帮助的亲人，黄英贤一直都充满感激，家人的温暖使得她更加坚定了自己的人生信念，朝着人生目标一步一步走下去。

黄英贤对就业问题一直很关注。她认为一个城市只有人人有事做，才能达到真正的稳定。2005年，黄英贤进入工党影子内阁，成为负责就业和劳工部部长后，首先解决的就是年轻人的就业问题。她积极鼓励企业机构进入学校举行大型的招聘会，在学校里先解决一部分就业问题，同时鼓励学校挑选优秀的毕业生进行再培养，留校当老师，这样大部分学生的就业问题就得到了解决，剩下的学生可以自由选择。她鼓励创业，更支持学生们走进军营。很多的志愿者服务机构会从学校挑选一部分具有专业能力的学生进入机构，而所有的工资都是由政府直接提供。在已经参加工作的人群中，黄英贤鼓励他们也能创造属于自己的财富，希望创新能根植于每一个人的内心，她也承诺这座城市将为所有的创业者提供资金支持。在劳动方面，黄英贤尊重每一个工作人员，在公司给的丰厚待遇下，她也为很多生活得不到保障的人解决了后顾之忧。人们都很支持这个部长，而黄英贤也在不断地努力，寻找更好的方式为更多的人服务。黄英贤经常去大型企业、机构、工厂考察，与专业人员为每一个机构制订具有个人特色的、有效的方案，力求更大的进步。

2007年，总理陆克文任命黄英贤为气候变化和水资源部部长。当时，环境污染问题已经波及整个世界，澳大利亚国土资源丰厚，原本环境一直都很好，可是近年来越来越多的工厂建设、汽车尾气的排放，让这些城市不得不重视起来。这样的问题不可能一下子就全部解决，黄英贤也感到前所未有的压力。1999—2009年，澳大利亚的干旱情况持续了10年。我们无法想象，这样一个四面环海的国家，怎么会面临如此严峻的干旱问题。而这样的严重程度是澳大利亚一百年来都难得一见的。随着气温的升高，澳大利亚的很多水资源被蒸发了，随着水土的流失，很多本来就很干旱的土壤变得板结，丧失了原有的土地功能。如今的澳大利亚，面临着极其严峻的极端气候问题，火山爆发、洪水等，都使黄英贤焦头烂额。陆克文总理上台后的头等大事就是解决环境问题，首先就是降低碳排放。在水资源方面，澳大利亚采取了一系列措施，如减少居民用水、土地用水，禁止农药的滥用，严格控制土地的使用。也许我们并不能直观地感受到这个世界的变化，而汽车尾气的排放确确实实让每个人都生活在一种非常恶劣的环境中。刚开始人们并不明白全球变暖到底是怎么回事，也不明白越来越紧张的水资源到底出了什么问题。可当所有的问题聚集在一起，就会发展成一个非常严重的问题。在当今，人们更加注重环保，注重健康饮食，而做到全民参与才是解决一个城市环境问题的首要任务。黄英贤上任后，首先请相关专家给民众普及环境保护知识，先让民众看到问题的存在，再告诉民众怎么去解决。这样的方法很快有了效果，可是这只是一部分人的选择，还有很多人觉得这是夸大其词，他们并不能完全理解黄英贤的良苦用心。黄英贤从各个国家收集了各种环境被污染的照片，在城市道路屏幕循环播放，使得越来越多的人开始关注这个问题，越来越多的人开始了解这个问题，越来越多的人开始改变生活方式，不再浪费。这就是黄英贤想看到的。当人们逐渐了解环境对人的影响，就愿意为改变什么而做出努力，这就是人们自觉主动的力量。

04 / "我是一个中国家庭的长女"

2010年9月11日，澳大利亚总理吉拉德宣布新政府内阁名单，前气候变化部华人女部长黄英贤将出任财政部部长。这是澳大利亚首位担任此职的华裔人士。

2011年8月3日，在接受报道时黄英贤表示自己将担负起财政部部长的重任，严控政府支出。她说："我们需要非常认真，需要担负责任的澳人。我是一个中国家庭的长女，我们非常负责任。"

"一个中国家庭的长女"，不仅意味着"非常负责任"，而且意味着高度重视对华关系。

2008年4月，澳大利亚联邦总理陆克文对中国进行正式访问，这是陆克文上任后首次正式出访的一部分。时任澳大利亚气候变化和水资源部部长的黄英贤加入了陆克文的此次访华。黄英贤在离开澳大利亚时说："一个重要的问题是必须确保我们清楚了解中国的观点，确保我们与中国有着密切的合作，因为我们懂得，应对气候变化的国际磋商需要世界上所有的国家做出反应，而中国是这些磋商中的一个重要国家。"黄英贤还表示，澳大利亚是中国的资源供应国，中国是澳大利亚资源的消费国，双方贸易关系十分紧密，这将有助于中澳携手应对全球对气候变化的挑战。访华期间，中国外交部武大伟副部长会见了黄英贤，并就气候变化问题交换意见。黄英贤感谢武大伟副部长拨冗会见，对外交部在联合声明的磋商过程中所做的工作表示赞赏，强调澳方重视在应对气候变化方面与中方加强合作。

2009年10月，当时出任澳大利亚气候变化和水资源部部长的黄英贤再次访华。10月14日，一头短发的黄英贤在北京向中外媒体披露她此次访华的最新成果："此次讨论是富有建设性的，对中澳两国而言都很有意义。我们重视和中方（在应对气候变化上）的双边合作，以推动联合国哥本哈根气候变化会议的进展。"

2011年3月，应澳大利亚联邦政府气候和能效部邀请，中国国家发展改革委副主任解振华访问澳大利亚。已经出任澳大利亚联邦财政与放松管制部部长的黄英贤，在堪培拉会见了解振华副主任。

2013年10月，黄英贤当选为工党参议院领袖兼影子内阁贸易和投资部部长。

2016年7月，作为工党内部最瞩目的人才之一，黄英贤由影子贸易部部长改任影子外长。尽管参议院工党领袖职位的工作量早已超出负荷，黄英贤在新职位上将再次迎接新的挑战。

2017年2月7日，中国外交部部长王毅在堪培拉应约会见黄英贤。黄英贤表示，中国对于澳大利亚的发展繁荣十分重要。不管哪个政党执政，澳方均希望积极发展对华合作。工党至今为其执政期间做出与中国建交决策感到自豪，我们支持澳中自贸协定，愿继续推动两国各方面友好交流。

2017年5月3日上午，中共中央对外联络部部长宋涛在北京会见来华访问的澳大利亚工党参议院领袖、影阁外长黄英贤。宋涛积极评价中澳关系，对澳工党为两国关系发展所做贡献表示赞赏。并说中国共产党与澳工党保持长期友好交往，愿进一步巩固机制化往来，扩大交往内涵，增进相互认知，深化两国各领域交流合作。黄英贤赞同宋涛的意见，表示澳工党愿进一步加强两党关系，促进两党高层和青年政治家往来，加深相互理解，推动澳中各领域合作取得新进展。

现在，黄英贤依旧活跃在澳大利亚的政坛上，她已经成为澳大利亚政坛上一道独特的风景，她始终顽强地面对一切磨难，矢志不渝地朝着梦想奋斗！

世界最佳市长

——苏震西

2006 年 6 月至 10 月，一年一度的"世界市长"评选活动由国际组织"城市市长"在网上开展。这项活动的目的是提升全世界市长们的形象，同时表彰那些长期奉献于市民、致力于城市福祉的人们。这一次，全球共有 677 名市长参选。结果公布后，上一年排名第 10 位的澳大利亚墨尔本市市长苏震西高居榜首，成为"世界最佳市长"。

苏震西（1947—），祖籍广东顺德，出生在中国香港，于 2001 年至 2008 年任澳大利亚墨尔本市市长。1963 年，苏震西和家人从香港移民至澳大利亚。次年进入墨尔本大学学习。毕业后在中学和大学担任教师，后经商，组建龙舫餐饮业集团，出任维多利亚饮食业协会主席。1991 年，苏震西当选为墨尔本市议员，后多次连任，共任议员 17 年，2001 年成为墨尔本第一位直选市长，也是该市首位华裔市长。2004 年，苏震西再次当选连任，2008 年任期届满后宣布不再竞选市长和议员。2014 年在英国女王诞辰日，苏震西荣获 AO 勋衔（Officer of the Order of Australia）。AO 勋衔授予对澳大利亚乃至全球做出杰出贡献的人士，级别仅次于 AC 勋衔（为澳大利亚以及全球做出了最高级别、最为杰出成就的人士）。苏震西得到嘉奖的理由是"因其在地方市府中的贡献，以及作为多元文化的促进大使，将墨尔本推广为一个旅游目的地的功绩而获嘉奖"。

01 / 争取居留权的打工大学生

"当我 1963 年来到墨尔本的时候，我做梦也没有想到有一天我会成为墨尔本的市长。"

的确如此，当年的苏震西连能否在澳大利亚居留都还是一个问题。

苏震西祖籍广东顺德，从苏震西的祖父开始，苏家就已经开始在云南昆明闯荡了。到了苏震西父亲这一代，苏家又到香港做起了生意。1947 年 10 月 20 日苏震西在中国香港出生。

为了从根本上改变自己的命运，1963 年，苏震西决定前往墨尔本大学读书。父母为了支持他，也和他一起来到了澳大利亚。通过努力，他终于在1964年考上了墨尔本大学。

由于家中并不富裕，整个大学时代，苏震西一直勤工俭学，不论是学费还是衣食住行的费用，都不再向家里索要。苏震西在中餐馆打杂工，从下课后一直干到半夜，清晨又要起床去上课。但是，苏震西从没有叫过苦，没有喊过累，一直坚持着。在小餐馆从洗碗、洗锅到切菜、配菜，他都要做。老板忙的时候，他还要去市场上挑菜、买菜，还要开着一辆旧皮卡来来回回。那辆年久失修的皮卡常常在半道上抛锚，没有办法，他只能在附近居民的帮助下，将一袋又一袋的蔬菜扛回餐馆，那时的苏震西长得并不高，一袋蔬菜差不多快赶上他的体重了。就是在那样的环境下，苏震西依然坚持了很多年。学校的老师建议苏震西少读两门课，如果他再这样耽误下去，学校不得不让他留级。于是，苏震西决定减少工作时间，在他将这个决定告诉老板的那天晚上，老板十分愧疚，决定帮助这个年轻人。老板的孩子跟苏震西差不多大，两个人的学校也离得不远，老板经常会让他的儿子用自行车载着苏震西回来。他还借口给儿子买书也给苏震西买很多专业书籍，给儿子买衣服的时候总拉着苏震西，说是让他给参谋参谋，然后顺便给苏震西也买几件衣服。老板让苏震西住在餐馆的楼上，虽然吵，但设施齐全，冬暖夏凉，又有比较大的空间存放书籍，苏震西就不用再来回奔波了，每天晚上可以多睡 2 个小时。苏震西很感动，除了更加努力地工作外，还帮助老板的儿子学习。

除了经济上的困难，苏震西在学习上的困难也不小。刚来澳大利亚时，他的英语并不流利，而且夹杂着浓厚的粤语口音，阅读水平也不高，打开书本，映入眼帘的是整页很多单词明明认识，但是摆在一起就比较棘手了。他开始努力学习，刻苦练习英语，积极主动地克服语言困难。那几年他身边总是会有一本厚厚的英文词典，尽管包着书皮，但是隔三岔五的书皮就会破掉，他又得重新包，光是包的书皮就可以摞得很高。"天道肯酬勤，爱拼才会赢。"苏震西最终获得了墨尔本大学教育与科学两个学位，其中有两科成绩是全校第一名！

大学毕业后，苏震西到市区一家中学教书。那时的澳大利亚，不要说做白领当教师，街上走的亚洲人都很少。中国人走过时，有些白人小孩甚至会骂脏话，吐口水，扔石子。苏震西对这些比他还高大的洋孩子费尽心思，他拜访每个孩子的家庭，了解每个孩子的生长环境，为每个学生建立详细的档案。他负责的班级有46名学生，为了把这些孩子教好，苏震西的辛苦远远超过了在餐馆打工。他的努力没有白费，他负责的班级的大学升学率超过80%，连续两年创造学校的最高纪录。教了几年中学后，苏震西又到墨尔本皇家理工学院，当了几年大学教师。

苏震西到澳大利亚的时候，那种只允许白人移民的"白澳政策"虽然有所调整，但还没有废除。到1957年，只有居住在澳大利亚15年以上的非白裔人口，才有资格获得公民权。澳大利亚各界有识之士要求改变这种政策，墨尔本大学还在20世纪50年代建立了移民政策改革小组。这个移民政策改革小组多次进行有关移民问题的民意测验，发现从1954年到1959年，支持"白澳政策"的人从61%降到了34%；反对"白澳政策"的人则从31%上升到了55%；表示无意见的人，也从8%上升到了11%。1961年大选时，澳大利亚的大学生，尤其是墨尔本所在的维多利亚州的大学生纷纷游说议员反对"白澳政策"。苏震西在墨尔本大学求学期间，也加入了反"白澳政策"的行列。他与梁锦华（后为墨尔本香港会主席）等五人组成香港会，联合其他华裔团体前往首都堪培拉游说各个政党，还给联合国人权组织写信，这也许是亚洲移民最早挑战"白澳政策"，争取合理居留的行动。终于在 1972 年，由重新执政的自由党宣布废除"白澳政策"，各民族平等，实行多元文化。1973 年，惠特兰的工党在移民法中增加了一系列阻止强化种族观念的修正案，这些修正案确保了所有移民无论是否出生在澳，都有权在居住 3 年之后获取公民权，并认可所有关于移民与种族的国际协定。但是，直到 1978 年，澳大利亚政府才通过对移民法的修正，最终将按出生国家选择移民的政策完全废除。

苏震西没有忘记"白澳政策"给他留下的阴影，后来他继续为华人争取居留权。1990 年，当时任维多利亚民族事务专员的苏震西认为几万中国大陆留学生将成为澳、中两国发展的重要依靠，力主澳大利亚政府给予他们居留权。他的龙舫集团也尽可能录用失业的中国大陆留学生。他还联合在澳大利亚的华人企业，为这群年轻人争取进入国际公司的机会。当然，苏震西也呼吁更多的中国毕业生能回到祖国，参与国家建设。

02 ╱ 七张餐桌起家的传奇企业家

苏震西在中学和大学教学 7 年多。1976 年，他应邀帮助一位朋友打理在墨尔本唐人街的酒楼。在此过程中，苏震西发现，唐人街的美食虽然很受食客欢迎，可是酒楼的经营方式大多是家庭作坊式的，只能做一些小生意。

苏震西决定加以改进。他把朋友的酒楼重新设计，提高了服务质量，重新包装了旧的产品，并推出了新的产品，酒楼的生意逐渐兴隆起来。苏震西干脆买下朋友的酒楼，辞掉教职，一心一意打理起生意来。

餐馆最初只有 7 张桌子，苏震西既当厨师，又当老板。经过 10 年的积累，到 1986 年，苏震西在唐人街开办了一家大酒楼——龙舫皇宫酒楼。他请装修师傅在门面上雕绘出两条金粉朱漆的蟠龙，浓郁的中国风情和正宗的粤菜，吸引很多当地人前来就餐，同时深受各国游客的喜爱。每天，龙舫皇宫酒楼还没开门，就已经有人在门外等候，到了正餐时间酒楼天天爆满，很多人为了吃上一口正宗的粤菜，不远万里，从各个国家赶过来。吃过的人有夸赞菜品做得好的，也有提出改进意见的。就这样，在大家的支持下，龙舫皇宫酒楼的生意越来越好。不仅如此，龙舫皇宫酒楼还带动了周边许多食肆商铺，唐人街的这一地段也成为墨尔本的美食中心和文化景观。除了餐饮服务之外，这里还经常举办香港著名歌星演唱会或欢乐慈善晚会，筹得的款项捐赠给肾脏基金会、骨髓移植基金会、墨尔本澳华博物馆等慈善服务机构。

苏震西认为按父辈那种方式积累，不利于扩展和占领市场，只有通过与人合作，融资经营，吸收主要员工入股并实行规模化经营，才有利发展。采用这种方式，苏震西迅速扩大龙舫招牌，组建了龙舫餐饮业集团。到 2001 年苏震西成功当选墨尔本市长时，只有 15 年历史的龙舫集团成为墨尔本中餐业最大的一家企业，盛时在澳大利亚和新西兰拥有30多间酒楼食肆，员工达500多人，同时运营中餐、日本餐、韩国餐、泰国餐、马来西亚餐、印度尼西亚餐等。龙舫餐馆曾多次获奖，如著名的好运通金锅奖、全澳饮食业大奖等。苏震西本人也获得拿破仑杰出人物奖，还被推举为维多利亚州饮食业协会主席。

苏震西很有政治头脑。经商期间，他在市政厅兼职当委员。这个工作如同一名义务工作者，每年只有几千元补贴，但可以像市议员一样与市长讨论城市的经营。1990年，澳大利亚经济大萧条，许多老板只能通过减薪、减少营业时间、裁人、缩小经营规模等方式维持，有的甚至关门停业。当时，苏震西拥有各种餐饮店共30家，每次开会，经理股东们都怨天尤人。苏震西认为大河满，小河才会满。他利用参政的机会，提出了许多繁荣墨尔本的主张，如为商家减税、建立步行街、增开夜市、安装安全摄像机、加强治安管理、开辟10分钟/班的环城免费电车等。这些措施实行后，市区人口流量明显增加。

03 / 人气极高的首位民选市长

1991 年，在参政方面展现出才华的苏震西，毅然决然以独立候选人身份参加市议员的竞选。很快，在当地具有极高社会地位的苏震西脱颖而出，当选为墨尔本市市议员，其后不断连任，共当了 17 年墨尔本市市议员。

2001 年，墨尔本市市议会改选，这是澳大利亚有史以来规模最大的一次地方政府选举，因为这是墨尔本市第一次由选民直接选举市长。

在以往的墨尔本市市长选举中，先由选民选出 9 位市议员，再由这 9 名议员通过投票决定最后的市长。这种方法历史久远，是澳大利亚各城市通用的方法。然而，墨尔本市市政厅的领导层在经过多年的内斗和维多利亚州前州长琼·坎耐调解失败后，已在 2000 年初宣布停止工作。因此，2001 年的墨尔本市市长的选举只能改为直选。

直选市长给苏震西带来了一展宏图的机会，同样也带来了前所未有的挑战。这次选举共有 18 位候选人，其中 3 位对苏震西来说是较为强劲的对手，第一位是1956年成功申办墨尔本奥运会的民间委员会主席、澳大利亚第四大党——民主党的创建者奇普，第二位是著名律师，第三位是澳大利亚最大的制鞋商人。

很难想象一名华裔餐馆的老板能在这样的竞选中获胜，但7月23日揭晓市长选举结果中，苏震西击败其他17名对手，以领先第二名候选人5000多票的优势取得胜利。7月26日，在澳大利亚从政多年的华裔议员苏震西正式宣誓就任墨尔本市市长，成为墨尔本市第一位直选产生的市长，同时也是墨尔本市有史以来的首位华裔市长。

苏震西能胜任澳大利亚第二大城市的市长职务吗？

这的确是一个问题，墨尔本自1847年建市以来，已经有上百人出任墨尔本市市长，平均每任的任期不足两年。加上墨尔本市市政厅因领导层多年的内斗而在2000年初宣布停止工作。墨尔本市市长的工作非常难做。但是，苏震西用一系列成功的政绩向人们说明他没有让人们失望。

市长竞选时，苏震西曾提到要使墨尔本焕然一新。上任后，他就和市政厅的工作人员穿上工作服，轮流上街当清洁工。他说："我上街打扫，也许比我在会上讲话更有效果。"

据市政厅的调查，当时墨尔本城区范围有 6000 平方米约 3500 处涂鸦。苏震西在担任市长后要求，四个月内要彻底清除这些涂鸦，为了防止出现新的涂鸦，不少地方通过安装监控摄像机来威慑涂鸦者，同时下令对涂鸦者的罚款提高到 100 澳元。

苏震西认为，快餐店的户外座位侵占人行道是城市清洁的一大障碍，也滋生了许多社会治安问题。他下令拆除快餐店固定在马路上的桌椅并拒发户外营业执照。这一做法激怒了麦当劳、肯德基、汉堡王等重量级大公司，他们联合起来将苏震西告上法庭，但这并不影响苏震西将城市清洁放在城市管理工作的首位。

苏震西特别关注绿色发展，并不惜为此和州政府打官司。墨尔本素有"花园之都"的美称，建市百多年来，现代高楼仅有几十栋，美轮美奂的公园则有 70 余座之多。有一次，维多利亚州政府批准两家发展商在市区建造高层公寓楼。虽然这是州政府的权力，但苏震西认为"太多的高楼无助于国际大都市形象，只会凝结空气，减少蓝天，我们应该立足在城市环保的基础上。"于是，苏震西将维多利亚州政府告上法庭。有人告诉他，这场官司的诉讼费用将会超过10万澳元。苏震西表示，要将官司打到底，将市政府的意图向澳大利亚规划委员会和传媒界公布，以求得联邦政府和市民的支持。这是他为了墨尔本的发展第四次和州政府打官司。苏震西说："世界各国情况相同，地方政府和上级政府有许多矛盾难以调和，通过法律途径也是一种民主的办法。"

教师出身的苏震西特别重视教育，尤其重视儿童的心理教育。他组织了一支特殊的队伍——儿童心理咨询师。这支队伍是由担任过多年心理师的教育专家们组成，他们专门解决孩子们的心理问题，每一个孩子都可以向他们倾吐心事，不必担心会被嘲笑，他们会以最积极的态度引导孩子，给他们指出正确的方向，引导他们向善、向前。这一工作在很大程度上取得了胜利，也受到了人民的广泛支持。

在苏震西的努力下，墨尔本在2002年、2004年和2005年被权威周刊《经济学人》评为全球宜居城市排名第一，其他年度也是名列全球宜居城市前列。之后，墨尔本在 2011—2016 年又连续 6 年夺得世界宜居城市冠军头衔。宜居城市是指具有良好的居住和空间环境、人文社会环境、生态与自然环境和清洁高效的生产环境的居住地。1996 年联合国第二次人居大会提出这一概念，很快就在国际社会形成了广泛共识，成为 21 世纪新的城市观。评选全球宜居城市的标准有社会稳定、医疗保健、文化教育、生态环境、基础设施等 5 大类 30 个指标。

苏震西的杰出表现受到了人们的普遍赞赏。仅仅一年后，墨尔本的一份著名周刊就在封面向市长献花，标题是一个耳熟能详的英文短语 "So Far So Good"（大意为 "到现在为止，一直都还不错"）。它巧妙地融入了苏市长的姓（SO），含蓄地表达了对市长的赞赏。后来，澳大利亚著名的 "音乐人" 说唱乐队谱写了一首名为《约翰·苏，他是我的兄弟》的歌曲，将苏震西写进了他们的歌中，将市长形象平民化，也将市长融进所有人的点点滴滴中。售出唱片的收入全部捐给市长基金，用于帮助家庭困难的孩子，资助他们顺利完成学业，安全健康地成长。

2004 年，苏震西以 43% 的绝对优势战胜 20 名竞争者，继续连任墨尔本市市长，充分显示了当地人民对他的拥护与爱戴。苏震西因此成为墨尔本市连任时间最长的市长。

2006年，为了庆祝1956年墨尔本奥运会举办50周年，墨尔本成功承办了2006年英联邦运动会。在英联邦运动会开幕式和闭幕式上，苏震西获得的欢呼声比英国王子爱德华和澳大利亚总理约翰·霍华德还要大。这些呼声中包括"苏震西，他是我们兄弟""苏震西，竞选总理吧"等。墨尔本市居民的T恤上也印有"苏震西，他是我的兄弟"。一位年轻人这样写道："苏震西激发着这座城市民众的想象力。在对待年轻人方面尤其如此。在全世界其他地方，还有25岁以下的人欢呼雀跃，高喊市长的名字吗？"

对于民众的热情，苏震西清醒地说："那都是墨尔本人在为自己的城市欢呼，他们庆祝的是他们的城市取得的成就，而我碰巧是这座城市的市长而已。"

2006年6月至10月，一年一度的"世界市长"评选活动由国际组织"城市市长"在互联网上开展，目的是提升全世界市长们的形象，同时表彰那些长期奉献于市民、致力于城市福祉的人们。全球各地有10.3万人以上参加了评选活动，他们对 677 名市长进行投票。除此以外，举办者鼓励参与者们为其所选中的市长提供有说服力的理由，他们强调说明理由和选票数量一样重要。结果公布后，上一年排名第 10 位的苏震西名列榜首，成为"世界最佳市长"。

04 / "我崇尚合作与和谐"

2008 年世界环境日（6 月 5 日）前夕，苏震西在北京大学组织的国际大学生环境论坛期间接受专访，这是他第七次正式访问中国，也是他以官员身份最后一次访问中国。

在接受专访时，苏震西介绍了自己带领墨尔本接连在 2002 年、2004 年和 2005 年被《经济学人》评为全球最宜居城市的体会，并对中国的城市建设提出了建议，言语中寄予厚望。

在接受专访时，苏震西还谈了自己的执政理念。他说："首先我崇尚合作与和谐。来自全世界 140 多个民族的人民居住在墨尔本，他们讲 200 多种不同的语言，但都和谐共处，享受着安宁与和平。"他还表示，他在家乡的学校里学到的孟子"仁政"思想对自己的执政也产生了影响。他说："对百姓仁慈、一心为民、为百姓做事、为百姓谋幸福，这些信条对当好市长都很重要。"

相互了解才能和谐共处，为了传播中国文化，苏震西不仅将自己的餐饮集团命名为"龙舫"，更对龙舟这一项中国传统活动情有独钟。苏震西曾经担任澳大利亚维多利亚州龙舟协会主席，每年的龙舟赛事他总是全力参与、赞助、推动。因为他知道：中国龙的腾飞，需要大家齐心协力，勇往直前。整个澳大利亚有 600 多个龙舟俱乐部。为了更好地发展龙舟这个项目，澳大利亚专门成立了国家龙舟协会。

苏震西非常重视澳大利亚华人的历史。位于墨尔本市郊的 Ararat 市，是澳大利亚唯一由中国人首先发现的一个市镇。1857 年，中国矿工在那里发现金矿。为了纪念华人在澳大利亚的历史，宣扬华人对澳大利亚繁荣的贡献，苏震西极力游说澳大利亚政府兴建金山博物馆。提案得到了澳大利亚联邦政府、州政府以及当地和海外侨团的大力支持，筹得捐款200多万澳元。苏震西出任博物馆筹建委员会主席，继续为博物馆的兴建奔走。博物馆终于落成开放，而Ararat市也在苏震西的推动下与广东省台山市结成姊妹市。

苏震西非常注意教育子女学习中华传统文化。他的小儿子和小女儿都曾到中国留学。2006年在一次采访中，他笑着说："他们的普通话比我说得还好。"谈到当市长以来最难忘的事，苏震西提起两件事。第一件是英联邦运动会，整个城市如同沐浴在节日的海洋里，整个世界也关注着墨尔本。第二件是71对来自中国天津的新婚夫妇到墨尔本举行集体婚礼，他担任证婚人。苏震西说："那是爱的故事，我终生难忘。"

为了方便华人，由苏震西领衔建设的市政厅CH2绿色环保大楼在其宣传手册的最后一页，印有中文"您要向墨尔本市政府提出问题吗？请打电话与我们联系"，并随后列出"广东话""国语"等电话联系方式。这个细节体现出苏震西这位"世界市长"不仅具有不同于常人的沟通思维和独特魅力，更流露出他对家乡的浓浓情意。

2002年8月15日，担任墨尔本市市长不久的苏震西携全家四口到访广州。他们除了访问广州市城建开发集团公司和中国南海东部石油公司之外，还应广州市侨办邀请，在 2022 年 12 月到广州参加第二届世界广东同乡联谊大会，并在广州市海外交流协会年会上发表精彩的演讲。之后，他带领家人回家乡顺德寻根祭祖。这次的祭祖活动，得到了当地政府的大力支持，家乡的亲人以及市民们都热情地迎接了他。

天津市是墨尔本市在 1980 年正式结成的友好城市。苏震西在担任墨尔本市市议会议员期间，就多次到过天津。他说，在他走过的城市中，天津给他的印象最深。苏震西觉得天津有一种正在向国际化都市跃进的气势，这种气势令人震撼。他强烈地感到墨尔本与天津结成友好城市，对墨尔本和天津的共同发展具有重要意义，因此，他十分珍惜两市的友好关系。在他担任议员期间，为促进两市经济、文化和民间交流做了大量的工作。他不仅带领议会的同事，还带领墨尔本的企业家、商人和旅游专家到天津。在他的建议和力促下，墨尔本市在墨尔本市政厅前建造了一座中国式园林，命名为天津公园。这是在澳大利亚唯一一座以异国城市命名的公园。现在这个公园已成为墨尔本市一道独特的风景，墨尔本当地人以及旅居墨尔本的天津人经常在这里举办友好交流活动，这座公园已成为两市友好关系的见证。

2001年，苏震西以市长的身份再次来到天津，他与天津市领导就发展两市友好关系，在发展经济和开展科技、经贸、人才等方面的交流合作进行了深入的商谈。

2003年11月，旅居墨尔本的天津人筹备成立墨尔本天津同乡会，同乡会会长周振羽知道，请市长出席一个异国同乡会成立仪式可能性不大，但他还是向苏震西发出了邀请。令周振羽没有想到的是，苏震西不仅很快答应了出席成立庆典，还要发表讲话，并且把天津同乡会的庆典安排在墨尔本市政厅举行。11月20日晚上，这座庄重的楼宇灯光透亮，熠熠生辉。在洋溢着欢乐气氛的大厅里，旅居墨尔本的天津人、专程从家乡赶来的天津侨务访问团以及在墨尔本学习的天津管理干部们欢聚一堂。苏震西带领墨尔本市市政府十几位官员准时来到会场。他在庆典仪式上发表了热情洋溢的讲话，高度评价了天津市领导和天津人民对墨、津两市友好关系的重视，对墨尔本天津同乡会的成立表示热烈的祝贺和支持。使很多人没有想到的是，在讲到天津现状时，他对天津的海河开发、经济开发区的成就和城市的大规模建设讲得头头是道。这位异国市长对自己的家乡如此了解，在场的天津人向他报以热烈的掌声。

2008年6月，苏震西在北京对记者说，天津是"我的第二故乡"。

除了加强与天津的合作之外，他也多次带队走访上海、广州等地，同当地著名的企业家进行了友好会谈，并和他们建立起了深厚的友谊。他说："墨尔本和北京、上海、广州、香港等中国城市都有很好的合作关系，我们在商业、体育、文化上的交流互访非常多。"

苏震西领导下的墨尔本市市政府，为墨尔本带来了更多的中国游客、中国留学生、中国资本和中国商人。这样既巩固了澳大利亚与中国之间的贸易往来，又从一定程度上加深了国家与国家，国家与城市之间的沟通交流，从而达到双赢的目的。中西方文化的交融，不仅会刺激经济的发展，也会促进文化格局的改变，最终促进一个国家的发展。这样的双赢局面，相信任何一个国家的领导人都会给予一定程度的支持。

2008 年 10 月，苏震西宣布不再参加市议会的选举。他表示改变的适当时候已经到了。"你不能永远工作 110%，但这份工作就需要这样。"他在墨尔本市会堂向记者说，"我有信心，这个决定是正确的，是交棒的时候。"

不久，新一届市议会和市政厅产生，苏震西 17 年的墨尔本市市议员生涯和 7 年的墨尔本市市长生涯结束，创造了墨尔本任期最长的市长纪录。

2014 年 6 月，苏震西在英国女王诞辰日获得了女王颁发的 AO 勋衔。其获奖词是："因其在地方市府中的贡献，以及作为多元文化的促进大使，同时将墨尔本推广为一个旅游目的地的功绩而获嘉奖。"

再次引起人们注意的苏震西表示："对于餐饮业我仍有兴趣，但我已经不再参与经营了。我仍旧是墨尔本的一部分……走在这个城市里，你会看到它充满了活力。越来越多的人移居这个城市……为什么不呢？我们是最宜居的城市。"这位离职的华人市长说，他很享受离开议会、政府以后不再在聚光灯下的生活。

后　记

　　"一带一路"相关国家众多，代表性人物众多，为中外交好、民心相通做出杰出贡献的人士众多。因此，为"一带一路"璀璨群星立传，既使命光荣，又责任重大。在这项浩大工程的策划、组织、执行过程中，有许许多多的志士参加了有关传主的名单征集和审定，以及写作、翻译、审读、编辑、出版、筹资、联络等繁重而琐细的工作。所有参与的人员，以拳拳报国之心，尽深厚学养之力，克服了时间紧、任务重、要求高、压力大等诸多困难与挑战，最终圆满完成了任务。在本书付梓之际，丛书编委会特向参与本项目的全体同志致以崇高敬意和衷心感谢！

　　同时特别需要鸣谢的是，提出策划并领导实施此项目的中国传记文学学会会长王丽，基于长期法律实务经验和担任"一带一路服务机制"主席职务的便利，她对相关国家和走出去的"一带一路建设者"和广大青少年的需求了解真切，提出应当为他们写一套介绍各国典型人物的简明易读的传记，为他们提供健康的精神食粮。她把这项"额外"的工作当成了事业，不惜四处奔走筹集经费、苦口婆心招揽作者、精心挑选传主名录、夙夜青灯挥笔写作、近乎偏执逐字推敲、亲力亲为呕心沥血。面对如此浩大的出版项目和繁重的出版任务，中国出版集团华文出版社、中联部当代世界出版社、五洲传播出版社三家出版社携手毅然承担了出版任务，努力将该传系图书列入国家的重点出版工程，以高质量的编辑和装帧，确保了这套百卷丛书的国家级水平。在此，我们特向这三家出版社的相关领导和编辑们致以崇高敬意和衷心感谢！

尤其让我们感动的是，在项目执行过程中，一些富有家国情怀的民间商会和企业家的慷慨解囊，虽不足以支撑项目的全部费用，但是他们所表现出的热心和支持，让我们坚定了走下去的信心和决心，特向他们的拳拳报国之心和慷慨无私帮助致以崇高敬意和衷心感谢！

一项伟大的事业，离不开许多默默无闻的奉献者。在本传系的组织、编写、出版过程中，有历史、文学、科研、外交、教育、法律、翻译、出版等领域的数百位专业人士参与，恕不能在此处一一详列。需要特别提出的是，鞠思佳、李华华、景峰等同志为组织联络、搜集资料到处奔波而毫无怨言，唐得阳、唐岫敏、白明亮、谭笑、曹越等同志在编写、翻译和编辑、校对过程中的细致与负责让我们感动，赵实、胡占凡、高明光、吴尚之、刘尚军、李岩、王灵桂、李永全、陈晓明、许正明、宋志军、丁云、关宏等同志睿智的指点和专业的帮助让我们避免了许多弯路。在此，我们特向以上各位同志致以崇高敬意和衷心感谢！

当然，由于我们水平所限，本丛书难免有某些不尽如人意和瑕疵之处，敬请学界专家和各位读者不吝赐教，我们将在作品再版之时吸收完善。在此，我们也向各位读者提前表示崇高敬意和深深感谢！

"'一带一路'列国人物传系"编委会

2023 年 3 月 28 日